Thomas Frings
Das Unglaubliche glauben

AF205036

Thomas Frings

Das Unglaubliche glauben

Gott setzt bei der Sehnsucht an

HERDER

FREIBURG · BASEL · WIEN

Aktualisierte Neuausgabe 2023

Bisheriger Titel: Gott funktioniert nicht. Deswegen glaube ich an ihn
© Verlag Herder GmbH, Freiburg im Breisgau 2019
Alle Rechte vorbehalten
www.herder.de

Als Bibelübersetzung ist zugrunde gelegt:
Die Bibel. Die Heilige Schrift
des Alten und Neuen Bundes.
Vollständige deutschsprachige Ausgabe  DIE BIBEL
© Verlag Herder GmbH, Freiburg im Breisgau 2005

Umschlaggestaltung: Verlag Herder
Umschlagmotiv: © DavidMSchrader / Shutterstock.com
Satz: mittelstadt 21, Vogtsburg-Burkheim
Herstellung: GGP media GmbH, Pößneck
Printed in Germany
ISBN Print 978-3-451-03405-3
ISBN E-Book 978-3-451-82951-2

für meine Patenkinder

Maria
Jakob
Carla
Oliver
Nils

Ich habe Gott nie gesehen
Ich habe Gott nie gehört
Deswegen glaube ich an ihn

Inhalt

Vorwort

Lesen Sie auch gerne Fragebögen? Wenn ich einen sehe, dann stelle ich mich gerne den Fragen, lese aber auch die Antworten. Meist handelt es sich bei den befragten Personen um mehr oder weniger bekannte Persönlichkeiten. Bei manchen Antworten beschleicht mich der Eindruck, dass die Befragten versuchen, einem erwarteten Bild zu entsprechen. Doch wer will es den Befragten auch verdenken, dass sie von sich ein Bild zeichnen, das so positiv wie möglich bei der Leserschaft ankommt? Also kommt bei der Literatur kaum Massenware vor, wenn man ins Theater geht eher Oper als Operette und im Kino lieber französische Problemfilme als amerikanische Actionstreifen. Politiker wiederum wollen nicht abgehoben erscheinen und Wissenschaftler lesen anspruchsvolle Fachliteratur.

Wie jedoch ist das, wenn es um Fragen des Glaubens geht, die an Theologen gestellt werden? Gibt es da nicht auch eine gewisse Erwartungshaltung? Theologen sollten von ihrem Glauben sprechen und nur in Ausnahmefällen vom Zweifel. Zweifel haben die meisten Menschen schon genug. Wer will sich von einem Arzt behandeln lassen, wenn dieser sich nicht sicher ist in dem, was er weiß und kann? Wer hört einem Lehrer zu, wenn der sich in seinem Fachgebiet nicht auskennt? Doch im Unterschied zu anderen Fachrichtungen bleibt selbst nach einem Theologiestudium der, der in seinem Zentrum steht, etwas Unbewiesenes: Gott!

Ich bin Theologe, Priester. Und ich habe mich oft gefragt, ob ich meinen persönlichen Fragebogen nach Gott eigentlich auch so ausfülle und was da überhaupt im Zentrum steht. Und darum soll es in diesem Buch vor allem gehen: um dieses Unbewiesene und um das Suchen danach, das Zweifeln und Ringen, um den Glauben, der sich immer verändert hat und weiter verändert. Es soll um das gehen, das jenseits von kirchlichen Strukturen und publikumswirksamen Dauerbrennern liegt. Um den, die, das oder was, das als *Gott* bezeichnet wird. Um Fragen wie diese: Wenn Menschen *Gott* sagen – was denken sie dann eigentlich? Welche Bilder entstehen in den Köpfen, haben sich im Lauf eines Lebens als tragfähig und belastbar erwiesen? Welches Gottesbild wurde aus guten Gründen losgelassen? Gab es andere gute Gründe, dass ein neues an seine Stelle getreten ist? Ist dieses Verschwinden überhaupt ein Verlust oder war damit vielmehr ein Gefühl der Befreiung verbunden? All das sind Fragen, die unseren Glauben ausmachen oder auch unseren Unglauben. Beide sind Teil der eigenen Biographie. So, wie der Mensch sich im Verlaufe seines Lebens entwickelt und verändert, so kann sich die Form des Glaubens verwandeln und in ihr auch die Vorstellung, die ein Mensch sich von Gott macht.

Die Kirchen (anglikanisch, evangelisch, römisch-katholisch) erfahren im sogenannten christlichen Abendland seit Jahrzehnten einen Relevanzverlust. Inzwischen können wir sagen, dass von Generation zu Generation weniger Menschen ihren Glauben in den Kirchen praktizieren. Das Phänomen schwindender, kirchenbezogener Religiosität lässt sich festmachen an den Zahlen der Mitglieder, den Gottesdienstbesuchern und den sich engagierenden Menschen. Doch all das ist nicht gleichzusetzen mit einem schwindenden Glauben. Die Zahl der sich als gläubig bezeichnenden Menschen ist nicht deckungsgleich mit der Zahl derer, die Mitglied einer Kirche oder organisierten Glaubensgemeinschaft sind. Wer sich zu einer Glaubensgemeinschaft bekennt, dem darf man unterstellen, dass er mit den Glaubensinhalten dieser Gemeinschaft zumindest in großen Teilen übereinstimmt. Sagt jedoch jemand, er glaube zwar, tue dies aber ohne verfasste Gemeinschaft oder konkrete Religion, dann wird es oft schwer, diesen Glauben zu fassen. Dennoch scheint es heutzutage ein diffuses Glaubensverständnis leichter zu haben. Je undeutlicher ein Glaube ist, desto schwerer ist er zu greifen und umgekehrt kann man sagen, je konkreter ein Glaube sich äußert, desto angreifbarer macht er sich damit. Die konkreten Vorgaben der verfassten Kirchen im christlichen Abendland scheinen für immer mehr Menschen immer weniger lebensdienlich zu sein. Was helfen die schönsten Gedankengebäude und Glaubensvorstellungen, wenn sie für die Menschen nicht mehr nachvollziehbar, verständlich, eben nicht mehr glaubwürdig sind?

Heute scheint festzustehen: Je konkreter Vorstellungen von einem letztlich nicht beweisbaren Gott vorgetragen werden, desto angreifbarer macht sich der glaubende Mensch. Wenn der Glaube an einen Gott, an viele Götter oder auch nur der Glaube an eine unsichtbare Welt eine Relevanz und Verbindung zu meiner sichtbaren Welt haben soll, wie diffus darf und kann er dann bleiben? Da hat es der Agnostiker möglicherweise am leichtesten, legt er sich in der Gottesfrage doch einfach nicht fest.[1] Selbst der Atheist glaubt ja etwas, nämlich, dass es keinen Gott gibt.

Legt der Agnostiker sich nicht fest und glaubt der Atheist, dass es keinen Gott gibt, können auch diese wie der glaubende Mensch es noch mit einem weiteren Phänomen zu tun bekommen, dem Zweifel an dem, was er glaubt. Die vielleicht bekanntesten Zweifler unserer Tage sind wohl Papst Franziskus und Mutter Teresa. So sprach Franziskus davon, dass einem Christen, der nicht auch zweifele, etwas fehle und er den Zweifel auch als Papst kenne. Und es ging ein Rauschen durch den Blätterwald, als zehn Jahre nach ihrem Tod († 1997) Briefe von der inzwischen heiliggesprochenen Mutter Teresa auftauchten, in denen sie ihre massiven Glaubenszweifel bekannte. Ihre Seele leide und Dunkelheit umgebe sie von allen Seiten, denn vielleicht gebe es gar keinen Gott. Der Zweifel stellt die Frage nach der Existenz Gottes und lässt damit alle konkreten Glaubensinhalte, Formen und mögliche Antworten weit hinter sich. Wie soll man noch an die Wirksamkeit des Gebets oder der Sakramente glauben, wenn der Zweifel an der Existenz Gottes stärker ist? Hilft dann das Erzählen vom eigenen Glauben – oder verstärkt gerade das den Druck beim Zweifler nur? Sollte man stattdessen von seinen Zweifeln sprechen oder sollte man besser schweigen? Sind Zweifel bereits Unglauben?

Ich habe vorher vom Suchen und Zweifeln gesprochen und ich frage mich: Vielleicht ist der Suchende dem Zweifelnden ein ebenso guter Begleiter wie umgekehrt? Beide sind Fragende und die Antwort, die der eine findet, hilft dem anderen bei der Suche und die gestellte Frage lässt bei der gefundenen Antwort nicht verharren, sondern hilft, bei dem Suchen nach Gott sich nicht vorschnell zufriedenzugeben. Doch was sind mögliche Antworten, die suchenden Menschen helfen können? Eine solch theoretische Frage lässt sich nur beantworten im Gespräch mit dem einzelnen Suchenden. Und vielleicht hilft die eigene Geschichte vom Suchen und Zweifeln und Glauben mehr als jeder fromme Spruch, als jeder Lehrparagraph.

Wenn Sie deshalb nach einem Buch suchen, in dem die Lehre der Kirche systematisch dargestellt wird, dann verweise ich Sie besser gleich auf einen Katechismus.

Wenn Sie ein frommes Buch brauchen, dann suchen Sie sich lieber eines mit Gebeten und Meditationen.

Wenn Sie ein Buch über die Probleme der Kirche lesen möchten, über Strukturen oder die Rolle der Frau in der Kirche, zur Sexualität, zum Zölibat oder über das leidige Geld, dann weise ich Sie schon jetzt darauf hin, dass Sie dazu wenig finden werden: Zu diesen, zweifelsohne wichtigen, Themenkomplexen ist schon viel gesagt worden und man kann sich dazu so oder so positionieren. Man muss sogar dazu Stellung beziehen, doch im Folgenden soll es um diese Themen ausdrücklich nicht gehen!

Worum soll es dann gehen: um meinen Glauben. Wie er sich entwickelt hat und somit um (m)einen Weg des Suchens und Glaubens. Ich beschreibe nicht die Lehre der Kirche, sondern die Entwicklung meines persönlichen Glaubens, der zwar in der Kirche stattfindet, nicht aber identisch mit ihr ist. Der Glaube der Kirche muss größer sein als mein persönlicher Glaube, denn es ist der Glaube einer Gemeinschaft von zweitausend Jahren, von der ich nur ein Teil bin. Hat die Bedeutung Gottes für mein Leben mit den Jahren zugenommen, so hat seine Funktion im Sinne von einer konkreten Zuständigkeit im Alltäglichen abgenommen, ich versuche also immer mehr eine Beziehung zu dem zu gestalten und mit dem zu leben, der für mich Gott ist. Diese Beziehung hat sich mit den Jahren und Jahrzehnten verändert und ist noch lange nicht an ein Ende gekommen. Wer also Gott sucht, den lade ich ein, mich auf meinem Weg zu begleiten. Meine Antworten auf die Fragen, warum ich glaube, was ich glaube und wie ich es tue, müssen nicht Ihre sein, aber vielleicht helfen sie, eigene Antworten zu geben.

Vorweg kann ich aber schon sagen, dass ich mir auf Gott keinen Reim machen kann! Weil das so ist, weil er sich für mich weder eindeutig aus allem herauslesen noch störungsfrei in mein Leben einfügen lässt, verwende ich beim Nachdenken und Sprechen über ihn oft Wörter wie aber – obwohl – dennoch – trotzdem – auch – wegen – und – weil – stattdessen – irgendwie. Ich weiß, viele hätten gerne klare Sätze, eindeutige Aussagen, Gewissheiten statt Zweifel. Mag sein, doch ich komme ohne diese Wörter nicht aus. Ich komme ohne sie nicht aus, wenn ich mich frage, warum ich glaube, was ich glaube und wie ich glaube.

Formen des Glaubens können seltsame Blüten treiben. Den Film »Das Leben des Brian«[2] habe ich zunächst für einen blasphemischen gehalten habe. Doch wird sich darin nicht lustig gemacht über Gott, sondern vielmehr über eine bestimmte Art und Weise des Glaubens. Nicht Gott wird lächerlich gemacht, sondern man macht sich lustig darüber, wie manche Menschen an ihn glauben. Brian lebt zur selben Zeit wie Jesus und wird aus Versehen von einigen Menschen für den Messias gehalten, ein tragischer Fehler, aus der er bis zum Ende des Films nicht mehr herauskommt. Als er seinen Anhängern zuruft, er sei nicht der Messias, erkennen sie in genau dieser Aussage seine Echtheit, denn nur der wahre Messias sagt, dass er nicht der Messias sei. Also versucht er es andersherum und gibt sich als Messias aus, was die Menschen mit noch mehr Begeisterung kommentieren. Der Glaube ist in einer Sackgasse gelandet, aus der es kein Entkommen gibt. Doch nicht nur der Glaube, auch Gott ist in dieser Vorstellung ein Gefangener menschlicher Vorstellung geworden.

Der Glaube birgt Risiken, die sich in vermeintlichem Wissen auflösen. Glaube bleibt eine riskante Angelegenheit, denn er bewegt sich auf unsicherem Grund. »Ich setzte meinen Fuß in die Luft und sie trug.«[3]

Auch wenn ich bisher nie ohne Gott gelebt habe, lässt er sich doch inzwischen kaum mehr ohne Widerstände in mein Leben einfügen. Das Sprechen über ihn ist fragmentarisch und das Glauben an ihn widersprüchlich. Doch vielleicht passt beides gerade deswegen ganz gut in mein Leben, das mit oder ohne Glauben an Gott widersprüchlich bleibt. Mit Gott klärt sich für mich noch lange nicht alles in der Welt und meinem

Leben, aber für mich lebt es sich besser mit dem Glauben an ihn und deswegen glaube ich. »Glaube aber bedeutet: Das feste Vertrauen auf das Erhoffte, ein Überzeugtsein von dem, was man nicht sieht.«[4] Glaube ist demnach viel weniger eine intellektuelle Zustimmung zu einzelnen Glaubenssätzen als viel mehr ein »Für-wahr-Halten« von etwas, das ich nicht sehe, ein »Mich-fest-Machen« in einer Hoffnung, die sich nicht erschöpft im Irdischen. Mein Glaube gibt mir Antworten, aus denen doch immer wieder neue Fragen erwachsen. Er ist mir Hilfe und Erkenntnis, aber nicht das Ende des Denkens. Er vollzieht sich in einer Gemeinschaft, lässt mich aber dennoch oft alleine zurück. Er kommt aus der Vergangenheit mit einer großen Geschichte und langen Tradition, will aber in der Gegenwart gelebt sein und ist entscheidend für meine Zukunft, über meinen Tod hinaus. Er überflutet mich in manchen Momenten auf wunderbare Weise, verebbt aber auch immer wieder und lässt dürres Land zurück. Er wächst im Schenken an andere und durch das Schenken von anderen. Er versinkt in den Anfragen und überlebt in kümmerlichen Antworten.

Erster Teil –
Warum ich glaube

Achtung: Lebensgefahr!

Ich halte nicht viel davon, Orten, Zeiten und Umständen rückwirkend eine besondere Bedeutung für das Leben zu verleihen. Trotzdem gibt es Ereignisse und Erlebnisse, die eine besondere Bedeutung haben. Für mich fand ein solches Ereignis in Afrika statt in der Nacht von Silvester 2000 auf Neujahr 2001, dem Jahrtausendwechsel. Ich war vierzig und besuchte mit meiner Schwester einen Bruder, der in Togo lebt. Gemeinsam fuhren wir nach Benin in den Pendjari-Nationalpark, wo André, ein guter Freund, arbeitete. Die Anreise war schon abenteuerlich: zwei geplatzte Reifen, ein Achsbruch und 24 Stunden zu spät am Ziel. André hatte geplant, die Silvesternacht im Nationalpark zu verbringen, so wie er es bereits häufig gemacht hatte. Alles war also vorbereitet und wir fuhren mit dem Jeep, Zelten und Proviant am letzten Tag des Jahres los. Das kleine Dorf, in dem André wohnte, hatten wir bald hinter uns gelassen und damit auch die letzte menschliche Siedlung. Von einer Straße nach europäischer Vorstellung konnte man schon weit vor dem Dorf nicht mehr sprechen, geschweige auf dem Weg in die Wildnis. Es war bestenfalls eine Piste, die uns in den Nationalpark führte. Dafür sahen wir Tiere, die wir nur aus Büchern kannten oder Pflanzen, die wir nicht einmal dort gesehen hatten.

Unsere Stimmung war ausgezeichnet. Am Abend wurde ein Feuer entzündet. In einem Kamin sorgt es für Romantik, doch hier brauchten wir es, um das Essen zu kochen und die Dunkelheit zu erhellen, einigermaßen zumindest. Als die Gespräche und das Feuer erloschen waren, zogen wir uns bei völliger Dunkelheit ins Zelt zurück. Bis zum nächsten Haus waren es viele Kilometer und so war es nicht nur dunkel, sondern auch still. Ein bis dahin spannender letzter Tag des Jahres und eines Jahrtausends ging zu Ende, still und friedlich.

Das neue Jahr und das neue Jahrtausend begann alles, nur nicht still und friedlich. Es war ziemlich genau um vier in der Nacht, zwei Stunden vor Sonnenaufgang, als in einer Entfernung von vielleicht zwanzig Metern Raubtiere laut brüllten und knurrten. »Hyänen!« Andrés erschrockener Kommentar ließ uns das Blut in den Adern gefrieren und überließ jeden im Zelt seiner individuellen Panik. Mein Körper zeigte schlagartig die unglaublichsten Reaktionen: Die Hände zitterten, als hätte ich Parkinson. Obwohl ich sie an den Körper presste, um sie ruhig zu halten und die anderen im Zelt meine Panik nicht auch noch spüren zu lassen, kriegte ich sie einfach nicht still. Sie zitterten und zitterten und zitterten. Weder der Befehl des Gehirns noch die stärkste Willensanstrengung zeigten irgendeine Wirkung. Mein Magen war ebenfalls eine einzige Vibration und die Füße so kalt, als wären sie in Eisklötze eingefroren. So wirkt sich also die pure Angst und blanke Panik bei mir körperlich aus. So fühlt sich Todesangst an!

Zittern, Vibrieren und Kälte nahmen noch zu, als wir in der Stille der Nacht und der Einsamkeit hören konnten, wie die Tiere sich näherten. Langsam schnaufend und knurrend strichen sie um das Zelt, immer und immer wieder. Sie konnten uns nicht sehen, aber sicher riechen und ganz bestimmt auch die Todesangst erspüren, die da nur wenige Zentimeter entfernt im Zelt um sich griff.

Was sie nicht riechen oder spüren konnten: Mein Kopf war ganz klar, erstaunlicherweise. An was habe ich in diesem Moment gedacht, einem Moment von immerhin zwei Stunden, der sich bis zum Sonnenaufgang in schier unendlicher Langsamkeit ausdehnte? Zwei Stunden lang hatte ich den Gedanken, dass dies die letzte Nacht meines Lebens sein würde. Wieder und wieder durchfuhr es mich: der letzte Sonnenuntergang, den du gesehen hast. Du wirst nie mehr Tageslicht sehen. Du wirst in Dunkelheit sterben. Gleich wird eines der Tiere, deren Atem und ständiges Umkreisen des Zeltes zu hören war, durch die Zeltbahn und dir ins Gesicht beißen. Und gleichzeitig, so klar blieb mein Kopf, war mir die Unlogik dieses Gedankens bewusst: Woher sollte das Tier wissen, wo mein Gesicht ist? Angst und Logik standen in einem merkwürdigen Widerspruch, der mir heute, wenn ich davon erzähle oder schreibe, noch bewusster wird.

Was aber habe ich nicht gedacht, habe ich nicht getan in diesem Moment, obwohl man dies von mir wahrscheinlich erwarten würde und ich auch vorher von mir erwartet hätte? Ich habe nicht gebetet! Wenn auch der Körper auf keinen Befehl des Gehirns mehr reagierte, mein Denken war zu meinem eigenen Erstaunen ruhig und klar und ich habe mich selber gefragt: Warum betest du nicht? Hat mein Glaube mich in höchster Not verlassen? War all das, was mich anscheinend durch mein Leben getragen hatte, nur Einbildung und Wunschdenken gewesen? Nein, mein Glaube hatte mich nicht verlassen, gerade deshalb habe ich nicht gebetet. Weil mein Glaube nicht einem Gott gilt, der wilde Tiere verjagt, wenn ich ihn darum bitte. Weder glaube ich daran, dass Gott die Tiere geschickt hat, um mir damit etwas zu sagen oder vielleicht eine Lehre zu erteilen, noch glaube ich daran, dass er sie verscheuchen würde, würde ich ihn darum bitten. Wer in Afrika in der Wildnis sein Zelt aufschlägt, der nimmt solch eine Gefahr in Kauf und dann hilft auch kein Beten. Das ist so, als würde ich vom dreißigsten Stockwerk eines Hochhauses ohne Fallschirm springen und hoffen, dass Gott mir unterwegs irgendwie einen Fallschirm zukommen ließe. In einer solchen Situation, in die ich mich selber gebracht habe, kommt ein Gebet um Hilfe und Rettung doch etwas spät.

Ich habe Gott in diesem Moment auch keine Angebote unterbreitet, habe nicht mit ihm gefeilscht und die unterschiedlichsten Versprechungen gemacht. Was hätte ich ihm denn auch versprechen sollen? Mein gesamtes Hab und Gut? Eine Anzahl an Gebeten bis zu einem hoffentlich späteren Lebensende? Eine treuere Befolgung seiner Gebote? Gesetzt den Fall, ich wäre dennoch gestorben, was hätte Gott mir denn dann gesagt? War mein Erspartes nicht ausreichend oder konnten die versprochenen Gebete die Waagschale meines Lebens nicht zu meinen Gunsten ausschlagen lassen? Nein, ich glaube nicht an einen Gott, der so ist. Ich glaube nicht an einen Gott, der sein Handeln in höchster Not von meinem Beten, Bitten und Betteln abhängig macht. Und als nach zwei Stunden die Tiere bei Sonnenaufgang verschwanden, hielt ich auch das nicht für eine Intervention Gottes, sondern für einen möglichen und natürlichen Ausgang einer lebensgefährlichen Situation. Für unser Überleben gab es natürliche und nicht übernatürliche Gründe und Atheisten können solche Situationen ebenso überleben, wie glaubende oder betende Menschen in ihnen sterben können. Ich habe überlebt und mein Glaube ist nicht gestorben.

Wenn ich meine Geschichte von der Silvesternacht in Afrika erzähle, dann ist es schon öfter vorgekommen, dass Menschen mir widersprechen. In solch einer Situation Gott nicht um Hilfe anzurufen, das scheint ihnen unvorstellbar – und dann noch von einem Priester – das kann doch nicht sein! Wenn nicht in Not und Gefahr, wann denn sonst sollte ein Mensch beten? Ich erzähle dann die Geschichte meiner Großmutter, die anscheinend ganz anders gebetet und geglaubt hat als ich. Wie viele Menschen der Generation, die durch den Zweiten Weltkrieg geprägt wurde, berichtete auch sie ihren Enkeln immer wieder von den dramatischen Erlebnissen dieser Zeit. Unsere Heimatstadt Kleve lag in einer Einflugschneise britischer Bomber auf deren Weg zum Ruhrgebiet und bevor Kleve selber am 7. Oktober 1944 zu 97 Prozent in Schutte und Asche gelegt wurde, mussten die Großeltern und unsere Mutter viele Nächte bei Bombenalarm in den Keller fliehen. Während sie über sich in der Luft das Dröhnen der Flugzeuge mit ihrer tödlichen Last hörten, wiederholten sie unten im Keller ununterbrochen das Gebet »Hilf Maria, es ist Zeit«[5]. Die Großeltern und unsere Mutter überlebten den Krieg. Die beiden Söhne dagegen kamen als Soldaten in Russland und Lettland ums Leben. Ihr Tod führte zu einer Funkstille zwischen meiner Großmutter und Gott. Er hatte ihre Söhne sterben lassen und jetzt war er für sie gestorben. Unsere Mutter bekam später wie ihre Mutter drei Kinder, zwei Jungen und ein Mädchen. Doch nicht nur die Reihenfolge der Kinder war gleich, sie wurden auch im fast gleichen Zeitabstand geboren. Inzwischen hatte unsere Großmutter den Kontakt zu Gott wieder aufgenommen und es war für sie, als hätte er ihr die beiden verlorenen Söhne wiedergeschenkt. Immer wieder kam es vor, dass wir Enkel von ihr mit den Namen ihrer Söhne angesprochen wurden. Wir sind nicht die wiedergeborenen Söhne, aber wir sind Teil einer Geschichte, in der Kinder und Gott verloren gegangen sind und wiedergefunden wurden. Wie sehr ich nicht nur den Verlauf meines Lebens selbstbestimmt gestalte, sondern auch in eine längere Geschichte verstrickt bin, wird mir deutlich, wenn ich vor einem Marienbild stehe. Bis heute bete ich dann das Gebet meiner Großmutter im Keller ihres Hauses und fühle mich ihr in ihrer Todesangst verbunden.

Ich bete also immer wieder das Gebet meiner Großmutter an den unterschiedlichsten Orten. Doch als ich selbst in größter Gefahr war und meine eigene Todesangst erlebte, da betete ich nicht? Ja, da betete ich nicht um Rettung! Weil es mir schwer fällt, an einen solchen Gott zu glauben, und weil ich den Eindruck habe, dass der Glaube an einen dermaßen eingreifenden Gott heute für nicht wenige Menschen ebenfalls ein Problem darstellt.

An solch einen Gott
würde ich nicht glauben!

Wie gesagt: Wenn ich die Afrika-Geschichte erzähle, dann widersprechen manche Menschen und sehen mich fast mitleidig an: Und das bei einem Priester? Kann so einer überhaupt Priester sein, will man sich von so einem überhaupt die Sakramente spenden lassen?

Ich verstehe diese Reaktion nur zu gut. Ich habe mich selbst oft gefragt, was diese Nacht damals verändert hat. Ich habe oben geschrieben, mein Glaube habe überlebt. Eigentlich stimmt das nicht oder ist zumindest nicht richtig formuliert. Mein Glaube war schlichtweg nicht in Gefahr. Er hat keinen Schaden genommen, weil er nicht bedroht war. Ich war in Lebensgefahr, aber nicht in Glaubensgefahr. Und das hat nichts damit zu tun, dass ich besonders glauben würde, fest und stark. Nein, das Zweifeln und Suchen, das kennzeichnet meinen Weg. Doch nach dieser Nacht glaubte ich immer noch, dass es so etwas oder jemanden wie Gott gebe und dass er für mich da sei, selbst wenn ich in dieser Nacht gestorben wäre. Nicht er wäre dann jedoch die Ursache für meinen Tod oder der Grund für eine unterbliebene Rettung gewesen, sondern meine Unüberlegtheit. Manches Ursache-Wirkungs-Denken in Katastrophen macht Gott für ein individuelles Geschehen verantwortlich. In dieser Vorstellung bekommt Gott einen äußerst eng umrissenen Wirkungsraum zugewiesen: Er soll retten in Gefahr und Not, denn wozu ist er sonst Gott oder von konkretem und praktischem Nutzen? Ich war mir meines Gottes und seiner Gegenwart in jeder Sekunde gewiss und habe an seiner Existenz nicht mehr gezweifelt, als ich es sonst tue.

Unter diesen dramatischen Umständen ist mir noch etwas anderes bewusst geworden: Wenn du überlebst, wirst du in deinem Leben nichts ändern. Du hast den Beruf ergriffen, der dich begeistert, du verrichtest ihn gerne und wirst das weitermachen. Du hast Entscheidungen gefällt mit Konsequenzen und wirst mit diesen Entscheidungen weiterleben, auch nach dem vierzigsten Lebensjahr in der zweiten Lebenshälfte. Fehler sind mir schon früher bewusst geworden und selbstverständlich gibt es Dinge, die ich bereue. Doch damals in Afrika, angekommen im neuen Jahrtausend, fiel mir nichts ein, was ich grundlegend an meinem Leben hätte ändern wollen. Ich hätte auf die stundenlange Todesangst gerne verzichtet. Doch diese Erkenntnis erfüllt mich bis heute mit großer Dankbarkeit.

Genauso bin ich dankbar, dass mir damals in aller Deutlichkeit mein Gottesbild noch einmal klarer geworden ist: Ich glaube an einen Gott und auch, wenn ich sein Wirken in dieser Welt für möglich halte, so erstreckt es sich nicht auf das Verjagen von wilden Tieren. Ich glaube nicht an einen Gott, der mich vor der Gefahr rettet, sondern mit mir in der Gefahr ist; der mich nicht vor dem Tod bewahrt, sondern im Tod bewahren wird.

Das mit dem Gottesbild ist für mich nichts Nebensächliches. Wenn Menschen von ihren Gottesvorstellungen erzählen und warum sie nicht glauben, dann kann ich ihnen meist zustimmen, denn an einen solchen Gott würde ich auch nicht glauben! Gerade bei Katastrophen wird Gott oft in einem Verhältnis von Ursache und Wirkung gesehen. Fast zwangsläufig scheinen solche Gedanken uns in den Momenten in den Sinn zu kommen, wenn ein hartes Schicksal uns trifft: Warum ich? Warum passiert mir das? Womit habe ich das verdient? Diese

Frage nach einer Ursache, nach dem Grund, weshalb etwas gerade mir widerfährt, womit ich das verdient habe, diese Frage scheint uns innezuwohnen. Ein Gott, der allerdings nur dann eine Chance bei mir hat, wenn es mir schlecht geht und der dann auch noch eine mögliche Ursache dafür sein könnte, der hat von vornherein schlechte Karten. Dass so ein Gott irgendwann aus dem Spiel des Lebens aussortiert wird, das kann man verstehen. Doch kann es auch daran liegen, dass der Spieler die Regeln des Spieles falsch verstanden hat.

Manchmal erscheint es besonders fromm, wenn man die Spielregeln falsch versteht. Wenn man Gott in höchster Not anruft, blind auf ihn vertraut und ihm auch das Irdische überlässt. Nur ist diese Frömmigkeit kein Beweis für einen besonders gefestigten Glauben und kann sogar als Gegenargument zu Gott dienen. Beim Tsunami im Indischen Ozean am 26. Dezember 2004 starben über 230.000 Menschen. Für die Christen fällt auf dieses Datum der zweite Weihnachtstag. Ob das, was mir berichtet wurde, den Tatsachen entspricht, weiß ich ehrlicherweise nicht. Eigentlich will ich es auch gar nicht wissen, denn die Schlussfolgerung wäre entsetzlich. Denn an jenem Tag soll ein Priester auf der Insel Sumatra, die vom Tsunami am schwersten getroffen wurde, die Weihnachtsmesse in der Kirche auf einem Hügel besonders feierlich zelebriert haben. Dadurch seien alle Menschen länger in der Kirche geblieben und gerettet worden. Nun gibt es tatsächlich Christen, die dies als eine Rettung durch Gottes Wirken ansehen. Was im ersten Moment vielleicht wie ein besonders starker Glaube daherkommt, erweist sich bei näherer Betrachtung als die Vorstellung eines menschenverachtenden Gottes. Da scheint Gott bei einer Katastrophe den Menschen zu Hilfe zu kommen, die ihn verehren, und so stellt sich ihr Glaube als der wahre heraus. Es verschlägt mir den Atem, solch eine Vorstellung überhaupt weiterzudenken! Zwar war Gott nicht der Auslöser der

Katastrophe, so weit geht die Behauptung nicht. Doch er rettet nach dieser Deutung Menschen, jedoch nur die frommen Christen. Die anderen lässt er untergehen. Da entsteht das Bild eines Gottes, der gleichsam über Leichen geht. Denn wer die Rettung Gott zuschreibt, der kann ihn nicht aus der Verantwortung entlassen für die Untergegangenen. Wer die Existenz seines Gottes mit der erwiesenen Funktionalität dieses Gottes zu begründen versucht, der belastet diese Existenz umgekehrt auch mit jedem Versagen. Wer angesichts einer Katastrophe versucht, seinem Gott durch waghalsige Erklärungen das Überleben zu sichern, der versucht letztlich eher, seinen Glauben zu retten, der in der Katastrophe ebenfalls unterzugehen droht. Ich glaube jedoch vielmehr an einen Gott, der in diese Welt gekommen ist, um mit den Menschen zu leben und zu sterben. In den persönlichen wie den allgemeinen Katastrophen richten sich Menschen hilfesuchend an ihren Gott. Die Hoffnung auf Rettung treibt sie an und sie rufen um Hilfe. Doch mein Gott überlebt nicht nur, wenn ich überlebe, sondern er geht mit mir unter, um mich am Ende meines Lebens zur Auferstehung zu führen.

Genauso wenig, wie ich an einen Gott glaube, der die Frommen und Betenden eher rettet, so wenig glaube ich an einen Gott, der Glück und Gesundheit einfach zufällig ausschüttet. Denn es wäre ja konsequent, Gott gerade auch dann zu fragen, wenn man im Lotto gewonnen, seine Traumfrau gefunden oder eine gute medizinische Nachricht erhalten hat: Womit habe ich das verdient? Warum ausgerechnet ich? Ist das denn fair? Wenn diese Fragen gelten, dann nicht nur in Not und Verzweiflung, sondern auch in glücklichen Zeiten und bei positiven Ereignissen. Doch auch hier glaube ich nicht an ein Verhältnis von Ursache und Wirkung im Hinblick auf Gott. Ob positiv oder negativ, glücklich oder unglücklich, ja sogar Leben oder Tod: Ich glaube an Gott als die Instanz, die hinter allem steht, als Schöpfer all dessen, was ist. Aber ich glaube nicht daran, dass er vom Himmel Glück und Pech entweder wahllos verteilt oder sogar mit Absicht.

Dieser Glaube hat viel damit zu tun, dass ich meine Gottesvorstellung und die, die ich gelernt habe, immer mehr hinterfrage. Je länger ich bete – und ich tue es mein ganzes Leben –, desto schwerer fällt es mir, Gott mit Attributen zu versehen wie *allmächtig, barmherzig, gerecht, gnädig.* Jedes dieser Attribute sagt etwas über das Wesen Gottes aus, stößt aber auch an Grenzen. Der Versuch, Gott damit näher zu beschreiben oder zu definieren, erschwert manchmal unbeabsichtigterweise das Verständnis von Gott. Wenn Gott *allmächtig* ist, warum nutzt er dann seine Macht nicht zum Wohle seiner Schöpfung? Wenn er *barmherzig* ist, warum geht es oft so unbarmherzig zu in dieser Welt? Wenn seine *Gerechtigkeit* schon so wenig zu sehen ist, warum lässt er dann nicht wenigstens mehr von *Gnade* spüren? Jedes Attribut für Gott lässt sich theologisch begründen, doch was in der Theologie Stand hält, das scheitert nicht selten an den Klippen des Alltags. Kindern sollte selbstverständlich ein bedingungslos »lieber Gott« vermittelt werden. Doch wenn wir uns als Erwachsene an Gott wenden, wie tun wir das dann? Wer ist dann mein Gegenüber? Mit welcher Absicht wende ich mich an ihn, den Schöpfer des Himmels und der Erde, der sichtbaren und der unsichtbaren Welt? Ein Erwachsener nimmt die Welt, in der er lebt, doch anders wahr als ein Kind. So berechtigt und richtig es ist, einem Kind Liebe, Geborgenheit und Sicherheit zu vermitteln, so weiß doch der erwachsene Mensch, dass diese Begriffe in einer vergänglichen Welt nur eine relative Zuverlässigkeit besitzen. Wachsende Erkenntnis im Verlauf des Lebens sollte auch Auswirkungen haben auf das Gottesbild. Ein kindlicher Glaube ist nicht dasselbe wie ein kindischer Glaube. Auch wenn Jesus sagt: »Wenn ihr nicht umkehrt und werdet wie die Kinder, könnt ihr nicht

in das Himmelreich kommen«[6], steht da ausdrücklich »werdet«
und nicht »bleibet«. Der Kinderglaube muss auch eine Trans-
formation durchlaufen, indem er erwachsen wird. Tut er dies
nicht, dann wirkt er auf Dauer nicht mehr kindlich, sondern
bei Erwachsenen naiv und einfältig. Er bedarf der Reifung
und Wandlung, vom Kinderglauben zu dem eines Erwachsenen, bis wir schließlich mit der Weisheit des Alters wieder zu
einem kindlichen Glauben finden können.

Ich war ein wirklich schlechter Schüler und das nur aus
einem Grund: Ich habe nicht gelernt! In der Not mangelnder Vorbereitung habe ich am Abend vor den Klassenarbeiten
immer wieder meine Zuflucht im Gebet gesucht und Gott
irgendwelche Versprechen gemacht. Doch Gott sei Dank
brauchte ich die Versprechen nie einzuhalten, denn meine Gebete wurden nicht erhört. Die Noten entsprachen dem Lernen,
nicht dem Beten. Heute bin ich froh und dankbar für diese
Erfahrung: Man stelle sich einmal vor, was passiert wäre, wären meine Gebete tatsächlich erhört worden! Das gäbe zwei
Wege zum Erfolg: Lernen oder Beten. Sollte man für beide
Wege den gleichen Einsatz bringen müssen, wäre die Abkür-
zung über das Gebet der überzeugendere. Das Gebet würde
doch nur dann überzeugen, wenn es im Vergleich zum Lernen
einen Vorteil mit sich brächte. Manchmal kann ich mich des
Eindrucks nicht erwehren, dass Menschen mit solchen Hinter-
gedanken beten und mit dem Ergebnis dann unzufrieden sind.
In einer selbstverschuldeten Notlage soll Gott sich als Retter
erweisen: Was aber würde die Erhörung eines solchen Gebets
nicht nur für mich heißen, sondern auch für den Rest der Welt
bedeuten? Erhörte Gebete haben doch nicht nur eine Konse-
quenz für mich, sondern auch für andere Menschen. Ein einfaches Beispiel, das Wetter: Im Urlaub bitten die Urlauber am
Strand um Sonnenschein, während der Bauer nebenan um Regen betet. Welches Gebet soll Gott erhören? Wer sich mit kon-

kreten Anliegen an Gott wendet und ihn als jemanden sieht, der darauf Einfluss nehmen soll, der muss sich auch die Konsequenzen für die anderen Menschen klarmachen. Grundsätzlich glaube ich, dass Gott in der Welt wirkt, doch bei konkreten Zuschreibungen ist mein Zweifel größer als mein Glaube. Wenn ich will, dass Gott in die von ihm gemachte Schöpfung verändernd eingreifen soll, dann sollte ich das auch gut begründen können, und zwar nicht nur für mich, sondern auch für all die anderen Menschen, die von meinem Gebet mitbetroffen sind. Und ich sollte erklären können, warum ich die Veränderung gegebenenfalls nicht selber herbeiführe, wenn es denn in meinen Möglichkeiten liegt. »Beten verändert nicht die Welt. Beten verändert die Menschen, und Menschen verändern die Welt«, hat Albert Schweitzer einmal gesagt. Eine Frage: Was hätten Sie lieber – einen kompetenten oder einen betenden Arzt? Jetzt kann man natürlich antworten: »Einen kompetenten Arzt, der betet.« Aber wenn ich die Alternative habe, würde ich den kompetenten immer dem betenden Arzt vorziehen, weil der eine sich auf das Gebet und der andere sich auf sein Können beruft. Wir müssen mit dem Können unsere Welt gestalten und das Gebet kann bei Glaubenden das Können begleiten. Doch das Gebet beinhaltet immer einen Beitrag des Betenden. Gott, der *Allmächtige,* und Gott, der *Gnädige,* diese Vorstellungen nehmen uns nicht aus der Pflicht. Weder den Schüler, noch den Arzt – und auch nicht den Patienten.

Mit Gott, dem *Gerechten,* ist das genauso. Gott im Gebet konkrete Lösungsvorschläge zu unterbreiten, ist ein nicht unproblematisches Beten. Man stelle sich vor, er würde eine Bitte um *Gerechtigkeit* mit seiner ihm zugeschriebenen *Allmacht* tatsächlich erfüllen. Was wäre dann gerecht? Wenn alle das Gleiche bekämen? Oder wäre es nicht gerechter, jeder würde bekommen, was er bräuchte? Und wie klingt die Bitte aus dem Mund eines Reichen und wie aus dem eines Armen?

Eine Geschichte aus dem türkisch-islamischen Raum erzählt von der *Gerechtigkeit* Gottes und zeigt, dass dies ein Problem ist, mit dem sich auch andere Religionen auseinandersetzen. Wo der redliche Glaube an einen Gott ein Problem löst, steht er vor einem neuen: »Auf der Straße sah Nasreddin[7] einige kleine Jungen, die eine Tüte mit Nüssen unter sich aufteilen wollten. Da sie nicht herausbekamen, wie sie die Nüsse gleichmäßig unter sich aufteilen konnten, baten sie Nasreddin, ihnen dabei zu helfen. ›Ich helfe euch gerne‹, sagte Nasreddin Hodscha, ›aber bitte sagt mir vorher, wie ich die Nüsse unter euch aufteilen soll. Soll ich sie verteilen wie ein vernünftiger Mensch oder wie Gott sie teilt?‹ Da riefen die Kinder einhellig, er solle sie so verteilen, wie Gott sie verteilen würde. Da nahm der Hodscha die Tüte, gab einem der Jungen die ganze Tüte und legte den anderen jeweils eine Nuss in die Hände. Bis auf einen fragten die anderen Jungen entrüstet, wie er denn so verteilen könne? ›Ihr wolltet, dass ich gebe, wie Gott geben würde. Von ihm erhalten einige Menschen viel, andere wenig und manche gar nichts!‹ Dann erhob Nasreddin sein Gesicht zum Himmel und rief: ›Oh Gott, ich habe keinen Einwand gegen deine Art zu teilen gehabt, aber du siehst ja selber, dass sogar diese kleinen Jungen mit deiner Art zu geben nicht einverstanden sind.‹ Lässt sich die Ungerechtigkeit nicht besser und vielleicht sogar überzeugender deuten, wenn man sich diese Welt ohne Gott erklärt? Wie klingt es, wenn man das Unerklärliche mit dem Unbegreiflichen begründet? Solche Schnittstellen und Berührungspunkte gibt es immer wieder in den unterschiedlichsten Lebenssituationen. In einer aus Gottes Willen hervorgegangenen Schöpfung erkenne ich als ein glaubender Mensch immer wieder Spuren seiner Gegenwart, jedoch nicht zur Gänze den, der diese Spuren hinterlassen hat. Wenn ich nicht erklären kann, warum einige Gebete erhört werden, andere jedoch nicht, dann verstehe ich, wenn Menschen dieses

Ergebnis lieber mit dem Zufall als mit der Unbegreiflichkeit Gottes erklären. Die Antwort von Stephen Hawking auf die Frage nach Gott kann ich nicht so einfach vom Tisch wischen. »Es steht uns allen frei zu glauben, was wir wollen. Meiner Ansicht nach lautet die einfachste Erklärung, dass es keinen Gott gibt. Niemand hat das Universum erschaffen und niemand lenkt unser Geschick. Das führt zu einer weitreichenden Erkenntnis: Es gibt wahrscheinlich keinen Himmel und kein Leben nach dem Tod. Ich nehme an, der Glaube an ein Jenseits ist lediglich ein Wunschdenken.« Mit seinem »wahrscheinlich«, seinem »ich nehme an« und seinem »Wunsch(-denken)« kann ich ganz gut leben.

»Na, so was sagt man doch immer in der Kirche?!«

Natürlich bin ich mit der Methode »Beten statt Lernen« nicht bis zum Abitur gekommen. Irgendwann musst ich den Akzent auf »Lernen« legen. Das Gebet habe ich deswegen im Umkehrschluss nicht aufgegeben, nur weil es seine Wirkung verfehlt hat. Wahrscheinlich war ich in dem Alter gar nicht in der Lage, mich bewusst und willentlich davon zu verabschieden. Mein Glaube wurde mehr getragen durch Tradition, Sozialisation und den äußeren Rahmen von Familie und Umwelt denn durch Wirkung oder Inhalt. Vieles hätte dafür gesprochen, an dieser Stelle in meinem Leben die Beziehung zu Gott abzubrechen, denn sie erfüllte bei Weitem nicht meine Erwartungen, die sehr wohl auf ein sichtbares oder spürbares Ergebnis ausgerichtet waren.

Wie wirkt Gott? Diese Frage habe ich mir damals eben noch nicht gestellt, wurde der Glaube doch getragen durch Tradition und Sozialisation. Heute dagegen fällt es mir schwer, Gott ein direktes Wirken in der Welt zuzuschreiben. Stattdessen frage ich mich zunächst, ob das, was passiert ist, auch ohne Gott zu erklären sei. Ich will Gottes Wirken ungern bemühen, wenn es auch ohne ihn geht. Ich halte Gott heraus, nicht aus Unglauben, sondern aus Glauben. Nicht aus allem, auf keinen Fall! Aber ich will Gott nicht für etwas beanspruchen, das sich ohne seinen direkten Einfluss erklären lässt, wenn man sich nur etwas Mühe gibt. Mehr Denken und weniger Gott, das führt am Ende nach meiner Erfahrung zu mehr Gott. Weniger Denken und mehr Gott, das führt dagegen zu einem Bild von einem Gott, dem man zunächst ein wunderbares Wirken zugeschrieben hat, das sich aber später allzu oft als ein ganz natürliches erklären lässt. Ich darf als Glaubender Wunder und Erscheinungen in mein Glaubensleben integrieren und als bereichernd erleben, aber ich bin dankbar, dass meine Kirche ihren Glauben weder auf solche Phänomene gründet noch ihn damit begründet. Ich kann verstehen, wenn Menschen in der Not um ein Wunder beten. Die Erhörung des Gebets kann für den einen ein Beleg sein für die Existenz seines Gottes. Die oft unerhört gebliebenen Gebete können aber auch gegen Gott sprechen. Für mich sprechen sie nicht gegen Gott, wohl aber gegen einen funktionalen Gott, der als berechenbare Größe Teil meines Lebens ist.

Der satirische Internet-Blog »Der Postillon« hat zu der Frage, ob Beten denn wirklich hier in der Welt nützt, auf seine ganz eigene Art einen Denkanstoß gegeben. 2011 veröffentlichte die Plattform folgenden Bericht, der die Fragestellung aufgreift, worum wir Menschen Gott bitten und wie er wirken sollte – und ob.

»Brüssel. dpo. (Also nicht dpa, sondern dpo für »Der Postillon«) Schluss mit leeren Versprechungen!
Der Europäische Gerichtshof (EuGH) hat in einer Grundsatzentscheidung verfügt, dass Glaubensgemeinschaften wie die evangelische und die katholische Kirche für die unerfüllten Gebete ihrer Anhänger aufkommen müssen. Andernfalls drohen ihnen Sanktionen bis hin zur sofortigen Schließung wegen ›unlauteren Wettbewerbs‹. In dem wegweisenden Urteil des EuGH heißt es: ›Glaubensgemeinschaften und Kirchen werben ihre Mitglieder mit dem Versprechen, dass ein höheres Wesen – in diesem Falle Gott – die Gebete der Gläubigen erhört. Bei Nichterfüllung dieses mündlichen Vertrages haftet daher die jeweilige Institution als Ganze.‹ Zuvor hatte sich der gläubige

Katholik Axel Stepnik aus Berchtesgaden durch alle Instanzen geklagt, nachdem er erfolglos darum gebetet hatte, dass an seinem 30. Geburtstag ein Porsche in seiner Garage stehen möge. Nun muss die katholische Kirche, deren Oberhaupt sich selbst als Stellvertreter Gottes auf Erden bezeichnet, dem inzwischen 34-Jährigen das gewünschte Fahrzeug (Modell 987 Boxster Spyder) innerhalb einer Woche zukommen lassen. Die Kirchen, die vergeblich für einen anderen Ausgang des Gerichtsverfahrens gebetet hatten, fürchten jetzt eine wahre Klagewelle durch enttäuschte Gläubige, deren Gebete nicht erhört wurden. Der auf Kirchenrecht spezialisierte Jurist Dr. Bertram Klausen nennt klagefreudigen *Postillon*-Lesern die wichtigsten Punkte, auf die sie achten sollten, wenn sie Schadensersatz für nicht erfüllte Gebete fordern wollen:

1. Sie müssen nachweisen können, dass Sie Mitglied einer Glaubensgemeinschaft sind. Ein Taufschein und ein Beleg, dass Sie Kirchensteuer zahlen, sind dabei ausreichend. Bekenntnislose oder Muslime (juristisch nicht nachweisbar, da keine einheitliche Kirche besteht) gehen also leer aus.

2. Beten Sie laut vor Zeugen oder nehmen Sie Ihr Gebet auf einen Tonträger auf, damit sich die Kirche nicht rausreden kann.

3. Formulieren Sie Ihre Gebete klar und deutlich und setzen Sie idealerweise eine genaue Frist, bis wann der jeweilige Wunsch erfüllt sein sollte.

4. Gebete um Geldbeträge und klar definierte Sachgegenstände können leichter eingeklagt werden als ideelle Forderungen (z.B. körperliche Gesundheit, Weltfrieden, Sieg des Lieblingsvereins, Tod eines Rivalen). Allerdings kann der Schadensersatz bei unbestimmten Forderungen letztlich weitaus höher ausfallen. Zudem rät der Rechtsanwalt jedem, der die Erfüllung seiner Gebete einklagt, unter Berücksichtigung der Punkte 1–4, darum zu beten, dass die Kirche im un-

wahrscheinlichen Falle, dass die Klage abgewiesen wird, die Gerichtskosten übernimmt.«

Würde Gott erwiesenermaßen so wirken wie in dem Artikel geschrieben und gewünscht, jede Wette, die Frequenz der Gebete würde deutlich steigen. Ich erinnere mich an ein besonderes Erlebnis: In meiner Familie stand eine Firmung an. Da diese im Rahmen einer Abendmesse gespendet wurde, trafen sich alle bereits zum Kaffee. An der Türe wurde ich von meinem Neffen Lukas direkt abgefangen mit der Frage: »Kannst du mir helfen? Ich muss für den Gottesdienst noch eine Fürbitte schreiben!« Also setzten wir uns in sein Zimmer und stellten uns dem schwierigen Problem, eine sinnvolle Fürbitte zu formulieren. »Worum würdest du denn Gott bitten wollen?«, fragte ich. »Irgendwas gegen Hunger in der Welt, dass der verschwindet.« »Glaubst du, dass Gott das dann macht, wenn wir ihn darum bitten?«, fragte ich weiter. Er: »Nein.« »Und warum willst du ihn darum bitten, wenn du jetzt schon weißt, dass diese Bitte nicht in Erfüllung geht?« Darauf die Antwort: »Na, so was sagt man doch immer in der Kirche!«

Wenig schmeichelhaft für uns. Und ich befürchte, dass mein Neffe recht hat mit seiner Bemerkung. Allerdings war das Gespräch noch nicht zu Ende; ich sagte zu ihm: »Was glaubst du denn, wie man dem Hunger in der Welt beikommen kann? Wer ist für dieses Problem zuständig?« »Das müssen wir Menschen wohl selber machen.« »Das sehe ich auch so. Nun bekommst du heute möglicherweise auch Geld geschenkt. Könntest du dir vorstellen, davon etwas zu spenden gegen den Hunger in der Welt?« Die spontane Antwort meines Neffen: »Bin ich blöd?« Nicht gerade das, was man gerne hört, aber für einen Jugendlichen eine zulässige und ehrliche Antwort. »Wie findest du deine Haltung denn, wenn du doch weißt, dass es in unseren Händen liegt und du helfen könntest.« »Gut ist das nicht.« Ich: »Dann mach doch daraus eine Fürbitte.«

Am Ende des Gesprächs schrieb Lukas folgende Fürbitte: »Gott! Not und Elend in der Welt interessieren mich nicht wirklich. Hilf mir, dass ich mich und meine Haltung dazu ändere!«

Man kann sich die heftige Diskussion in der Familie vorstellen. Von »Das kannst du unmöglich sagen, wie stehst du denn dann da!« bis »Das ist gut, weil ehrlich!« war alles dabei. Als mein Neffe diese Fürbitte dann tatsächlich so im Gottesdienst vortrug, konnte man spüren, wie ein kleiner Ruck durch die Gemeinde ging.

Warum soll ich Gott um etwas bitten, wenn ich weiß, dass es in meinen Möglichkeiten liegt und auf mich ankommt, ob es geschieht? Ich vertraue in der sichtbaren Welt mehr auf die Menschen und ihr Können als auf das Wirken Gottes. Auf Gottes Wirken baue ich jedoch ganz und gar, wenn es um die Dinge geht, die jenseits menschlicher Möglichkeiten liegen.

Ich erinnere mich in diesem Zusammenhang an einen Pfarrbrief einer Gemeinde. Er hatte als Schwerpunkt das Thema »Gebet«. Es waren einige gute Artikel dabei, doch einer war ganz anders als die anderen. Leider wollte die Autorin oder der Autor anonym bleiben und es gab nur die Altersangabe, 22 Jahre. Was schrieb dieser junge Mensch über das Gebet?

»Meine Antwort auf die Frage, ob ich bete: Natürlich bete ich nicht. Nicht vorm Schlafengehen, nicht vorm Essen, und nicht einmal, um meine Sportmannschaft anzufeuern.

An welchen Gott soll ich mich denn wenden? An Jahwe? Allah? Zeus? Ra? Es gibt doch viel zu viele. Oder doch nur den Einen? Viel wahrscheinlicher ist doch: keinen.

Bei sieben Milliarden Menschen auf der Erde beten ja maximal 2,26 Milliarden Menschen zu dem »richtigen« Gott. Möglicherweise liegen auch nur 460 Millionen Buddhisten richtig. Sicher ist, dass mindestens rund fünf Milliarden Kinder und Erwachsene zum falschen Schöpfer beten. Unterhalten sich in den meditativen Phasen des Alltags mit absoluter Leere. Ihr Gott existiert ja nicht. Es ist niemand für sie da. Milliarden von »Gottes Kindern« sind im Stich gelassen.

Da bin ich froh, dass ich meine Freunde, meinen Vater auf diesem Planeten habe. Zum Anfassen. Zum Unterhalten. Gute Besserung wünsche ich, um Zuneigung auszudrücken. Heilung wird durch ärztliche Behandlung erfolgen. Nicht durch Wunschdenken oder nächtliche Meditation. Kommunikation mit einer dritten, unbeteiligten Variablen. Auch denken tu ich in Person. Per Handschlag. Per Umarmung. Durch meine Worte, analysiert von einem physischen Mechanismus. Natürlich bete ich nicht. Ich kann ja egoistisch sein. Aber zu denken, dass ich einen persönlichen Gott im Himmel habe, der mich erhört? Dazu bin ich nicht fähig.«

N. N. (22 Jahre alt)

In diesem Artikel hat mich folgender Satz besonders aufmerken lassen: »Bei sieben Milliarden Menschen auf der Erde beten ja maximal 2,26 Milliarden Menschen zu dem »richtigen« Gott, möglicherweise liegen auch nur 460 Millionen Buddhisten richtig.« Da geht ein junger Mensch mit klarem Verstand an das ohnehin schwer zu durchdringende Phänomen des Betens. Zunächst einmal geht er logisch an das Gebet heran und vergleicht es mit den Beziehungen, wie wir sie auch mit anderen Menschen haben. Wenn ich bete, dann trete ich in Beziehung mit dem, was oder wer für mich Gott ist. Es ist jedoch wenig überzeugend, sich eine jenseitige Welt als die Fortsetzung der diesseitigen vorzustellen. Das hieße ja, alle unterschiedlichen Vorstellungen von einer jenseitigen

Welt existieren dort nebeneinander weiter so wie verschiedene Glaubensrichtungen und Religionen hier nebeneinander existieren. Jeder glaubende und betende Mensch sollte sich fragen, ob es einen Gott gibt, der seine Gebete hört und wenn, was mit den Gebeten all der anderen Menschen geschieht, die sich an einen anderen Gott wenden? Verhallen diese ungehört im Weltall? Sind das alles Menschen, die sich irren? »Sicher ist, dass mindestens rund fünf Milliarden Kinder und Erwachsene zum falschen Schöpfer beten. Unterhalten sich in den meditativen Phasen des Alltags mit absoluter Leere. Ihr Gott existiert ja nicht. Es ist niemand für sie da.« Das muss man erst mal so stehen lassen. Wer hört mein Gebet oder die Gebete, die an andere Götter gerichtet werden? Wie ist das mit dem einen Gott, mit meinem Gott – und – wie ist das dann mit den Göttern der anderen?

Das betrifft jeden Einzelnen in seiner Beziehung zu Gott. Und es betrifft auch unsere Kirche als Ganzes. Die Kirche bittet Gott manchmal direkt um bestimmte Dinge. Eine zentrale und immer wiederkehrende Bitte ist zum Beispiel das Gebet um geistliche Berufe, um Männer und Frauen, die in besonderer Weise Gottes Ruf in seiner Nachfolge leben. Wenn Menschen diesen Ruf meinen vernommen zu haben, dann erkennt die Kirche darin das Wirken Gottes. Er beruft nicht gegen den ausdrücklichen Willen des Menschen, aber die Kirche erkennt im Einwilligen des Einzelnen auch das Wirken Gottes. Bei dieser Deutung der Berufung stellt sich dann jedoch auch die Frage: Beruft derselbe Gott eigentlich auch die buddhistischen Mönche und Nonnen oder muslimischen Imame? Alle Religionen kennen Menschen in Funktionen von Priesterinnen oder Schamanen, die in besonderer Beziehung zum Gott des eigenen Glaubens stehen. Wer aber beruft diese Menschen in anderen Religionen? Sind deren Berufungen reine Einbildungen und nur die der eigenen Religion sind echt?

Bei der Berufung wählt Gott den Menschen, er beruft ihn – oder wie immer man es sonst ausdrücken möchte. Thomas Mann hat diesen Gedanken gewissermaßen umgedreht: Es gibt in seiner Trilogie »Joseph und seine Brüder« ein Kapitel, das die eigenartige Überschrift trägt »Wie Abraham Gott entdeckte«. Darin formuliert Thomas Mann es so, als wäre Abraham durch Beobachten und Denken Gott auf die Spur gekommen. Er wählt die Worte *erschaut* und *hervorgedacht*. Gott ist, wenn es ihn gibt, eine sachliche Gegebenheit außerhalb Abrahams, vor jedem Menschen und allem, was ist. Thomas Mann geht in seiner Formulierungskunst sogar so weit, dass er Abraham Gott *entdecken* lässt, nicht im Sinne von erzeugen, wohl aber von denkend verwirklichen.

»Urvater (Abraham) hatte die Frage unbedingt wichtig genommen, wem der Mensch dienen solle, und seine merkwürdige Antwort darauf war gewesen: Dem Höchsten allein. Merkwürdig in der Tat! Es sprach aus der Antwort ein Selbstgefühl, das man fast hoffärtig und überhitzt hätte nennen können. Der Mann hätte mögen zu sich selber sagen: ›Was bin und tauge ich weiter und in mir der Mensch! Es genügt, daß ich irgendeinem Elchen oder Ab- und Untergott diene, es liegt nichts daran.‹ So hätte er es bequemer gehabt. Er aber sprach: ›Ich, Abram, und in mir der Mensch, darf ausschließlich dem Höchsten dienen.‹ Damit fing alles an. [...] Es fing damit an, daß Abram dachte, der Mutter Erde allein gebühre Dienst und Anbetung, denn sie bringe die Früchte und erhalte das Leben. Aber er bemerkte, daß sie Regen brauche vom Himmel. Also sah er sich an dem Himmel um, sah die Sonne in ihrer Herrlichkeit, Segens- und Fluchgewalt und war auf dem Punkt, sich für sie zu entscheiden. Da jedoch ging sie unter, und er überzeugte sich, sie könne also nicht wohl das Höchste sein. Also blickte er auf den Mond und die Sterne – auf diese sogar mit besonderer Neigung und Hoffnung. [...] Denn da der Morgenstern aufging, verschwanden Hirt und Herde, und Abram folgerte: Nein, auch sie sind nicht meiner würdige Götter. Seine Seele war bekümmert vor Mühe, und er folgerte: ›Hätten sie nicht über sich noch, so hoch sie sind, einen Lenker und Herrn, wie möchte das eine auf-, das andere untergehen? Es wäre unschicklich für mich, den Menschen, ihnen zu dienen und nicht vielmehr dem, der über sie gebietet.‹ So hatte Abraham Gott entdeckt aus Drang zum Höchsten, hatte ihn lehrend weiter ausgeformt und hervorgedacht [...] gewissermaßen war Abraham Gottes Vater. Er hatte ihn erschaut und hervorgedacht, die mächtigen Eigenschaften, die er ihm zuschrieb, waren wohl Gottes ursprüngliches Eigentum, Abram war nicht ihr Erzeuger. Aber war er es nicht dennoch in einem gewissen Sinne, indem er sie erkannte, sie lehrte und denkend verwirklichte? Gottes gewaltige Eigenschaften waren zwar etwas sachlich Gegebenes außer Abraham, zugleich aber waren sie auch in ihm und von ihm; die Macht seiner eigenen Seele war in gewissen Augenblicken kaum von ihnen zu unterscheiden, verschränkte sich und verschmolz erkennend in eines mit ihnen, und das war der Ursprung des Bundes, den der Herr dann mit Abraham schloss und der nur die ausdrückliche Bestätigung einer inneren Tatsache war [...].«[8]

Abraham findet Gott auf seiner Suche nach dem Allerhöchsten. Doch unabhängig davon, ob Gott das Ergebnis der Suche nach ihm ist oder er geglaubt wird als das Ergebnis einer Offenbarung: Verschiedene Religionen existieren gleichzeitig und nebeneinander. Ihr Inhalt ist zumeist Gegenstand von Überlieferung. An deren Anfang stand die Offenbarung eines Gottes, die Deutung von unerklärlichen Phänomenen oder die Sehnsucht des Menschen nach etwas Absolutem, das ihn angesichts der eigenen Sterblichkeit und Begrenztheit überschreitet. »So hatte Abraham Gott entdeckt aus Drang zum Höchsten, hatte ihn lehrend weiter ausgeformt und hervorgedacht ...«[9] Als »Drang zum Höchsten« formuliert Thomas Mann diese Suche Abrahams. Wie dieses Höchste auch immer gedacht wird, es muss absolut sein, sonst ist es nicht das Höchste. Dieser Absolutheitsanspruch an das Göttliche verbindet alle Religionen. Die Suche nach Gott verbindet die Angehörigen von Religionen und trennt sie gleichzeitig in den unterschiedlichen Deutungen und Erfahrungen dessen, was sie von diesem Göttlichen glauben. Wobei ich nicht behaupten will, dass Glaube immer eint und Religion immer entzweit. Denn die Wege der Gottessuche sind sich weltweit mehr ähnlich als unähnlich. In den Religionen und Glaubensgemeinschaften werden schriftliche und mündliche Berichte weitergegeben von den Erfahrungen, die Menschen mit Gott oder dem Göttlichen in früheren Zeiten gemacht und wie sie diese auf das eigene Leben hin gedeutet haben. In tradierten und neuen Gebeten wird Geglaubtes festgehalten. So unterschiedlich die Gebete zwischen den Religionen je nach der Gottesvorstellung sind, so ähnlich sind sie sich in der Art und Weise des Vortrags. Bestimmte Körperhaltungen sind Ausdruck der Menschen ihrem Gott gegenüber, sei es Stehen, Knien oder Liegen, die Hände zu falten, auszubreiten oder zu erheben. Musik und Bewegung gehören ebenso dazu wie Prozessionen oder Opfergaben in Form von Lebensmitteln, Weihrauch, Blumen oder Kerzen. In ihren Riten ähneln sich die Religionen. Alle kennen männliche, einige auch weibliche Priester, Imame, Schamanen, also Personen, die eine besondere Berufung haben und eine hervorgehobene Stellung einnehmen innerhalb der Gemeinschaft. Hohe Wertschätzung genießen Gruppen und Gemeinschaften von Frauen und Männern in Klöstern, die sich der besonderen Suche nach Gott verpflichtet haben und sich auszeichnen durch intensives Gebet, Meditation und Stille. So ähnlich sich die unterschiedlichsten Religionen der Welt in ihren Formen bei der Gottessuche sind, so sehr schließen sie sich doch aus in dem Objekt, das sie verehren und das Absolutheit für sich beansprucht oder von seinen Anhängern zugesprochen bekommt. Letzteres führt immer wieder zu Konflikten zwischen Religionen und selbst innerhalb der gleichen streitet man sich doch nicht nur über den richtigen Gott, sondern auch über den richtigen Weg. Wer meint, zweifelsfrei Gott gefunden zu haben, braucht nicht mehr nach ihm zu suchen. Manchmal richtet sich die Energie derer, die meinen, ihn gefunden zu haben, auf die Verfolgung solcher, die nicht ihre Überzeugung teilen. Bis auf den heutigen Tag gibt es Menschen, die den Tatbestand eines anderen Glaubens durch Religionskriege aus der Welt zu schaffen versuchen. Das Andere stellt das Eigene in Frage und muss ausgeschaltet werden, indem der andere Glaube oder die andere Konfession durch Gewalt zu beseitigen versucht wird und so eine Welt entsteht, in der sich die Frage nach der Wahrheit des eigenen Glaubens nicht mehr stellt. In einer Gesellschaft oder Glaubensgemeinschaft, die keinen Kontakt zu anderen Religionen hat, lässt sich die Frage nach der Wahrheit des eigenen Glaubens vielleicht noch umgehen. Dort aber, wo Menschen verschiedener Religionen in einer Gesellschaft zusammenleben, kann man dieser Frage nicht mehr ausweichen. Leider wurde und wird oft genug versucht, diesen Konflikt durch Gewalt zu lösen, und das nicht nur zwischen den Religionen, sondern auch innerhalb derselben, wenn diese sich in verschiedene Richtungen gespalten haben wie evangelische und katholische Christen, schiitische und sunnitische Muslime und andere Konfessionen. Der Vorwurf der Religionskriege trifft die christliche Glaubensgemeinschaft bis ins Mark, lautet doch eine Aussage Jesu: »Ihr habt gehört, dass gesagt worden ist: Du sollst deinen Nächsten lieben und deinen Feind hassen. Ich aber sage euch: Liebt euere Feinde und betet für die, die euch verfolgen, damit ihr Söhne eueres Vaters im Himmel werdet;

denn er lässt seine Sonne aufgehen über Böse und Gute und er lässt regnen über Gerechte und Ungerechte.«[10]

Die Glaubwürdigkeit einer Religion wird manchmal mehr durch das Verhalten ihrer Mitglieder in Frage gestellt als durch die Fragen der Außenstehenden! Als glaubender Mensch muss ich konstatieren, dass der Zweifel vor Fundamentalismus schützt. Auch wenn ich nicht den Zweifel nähren will, weder in mir noch in anderen, so gibt es doch den Moment, wo der Zweifel am eigenen Glauben seinen Platz haben muss, um den Glauben der anderen, die Menschen und die Frage nach der Wahrheit zu schützen. Es bleibt für jeden Glaubenden deshalb eine andauernde Herausforderung, in seiner Suche nach dem Absoluten das, was er gefunden zu haben meint, im Zweifel festzuhalten und gleichzeitig loszulassen, um ein Suchender zu bleiben. Suchen und Finden, Glauben und Zweifeln gehen am besten Hand in Hand.[11] Ich habe Gott nie gesehen und ich habe Gott nie gehört. Deswegen kann ich nur an ihn glauben!

Meine Skepsis gegenüber denen, die um Gott wissen, sich auf Wunder berufen, um Wunder beten, die könnte etwas harsch wirken. Aber natürlich hat jeder Glaubende das Recht und die Freiheit, seinem Gott ein konkretes Handeln in seinem Leben und der Welt zuzuschreiben. Da er den eindeutigen Beweis aber schuldig bleiben wird, kann er auch nicht erwarten, damit auch andere zu überzeugen. Andersherum würden die meisten Christen das auch so sehen: Wem eine schwarze Katze von links über den Weg gelaufen ist, der kann ein späteres Unglück darauf zurückführen, aber sein Glauben an den Zusammenhang von schwarzer Katze und Unglück, der überzeugt mich dennoch nicht. Und wer einmal auf einer Esoterikmesse war, der sieht dort Angebote wie »Aura sehen kann jeder«, »Quantenheilung«, »Jenseitskontakte«, »Aurachirurgie«, »Schamanische Energiearbeit« und viel »Verwunderliches« mehr. Wer den Sender Astro-TV gesehen hat, der könnte sich wundern, woran seine Mitmenschen alles so glauben und was sie für möglich halten.

Wunder, egal ob als Erzählungen in der Bibel oder Testimonials an Wallfahrtsorten oder sonst wo, sollten nicht die Grundlage für den Glauben und ein Beweis für Gott sein. Stattdessen geht es darum, im Glauben die Unbegreiflichkeit Gottes ein Leben lang auszuhalten, wie es Karl Rahner einst formulierte. Es ist ein existenzieller Spagat, der das Glauben so schwer macht: Wir können nicht erwarten, dass wir andere mit unserem Glauben oder gar Wundererzählungen logisch überzeugen. Zugleich müssen wir daran festhalten, dass etwas Unglaubliches Kern unseres Glaubens ist. Etwas Unglaubliches, über das es heißt: »Der Einzige, der Gott ist und an der Brust des Vaters ruht, er hat Kunde gebracht.«[12] Wie soll jemand außerhalb der christlichen Gemeinschaft glauben können, dass eine Gruppe von Männern und Frauen vor fast zweitausend Jahren behauptete, dass der Zimmermannssohn Jesus aus Nazareth der Messias, der Sohn Gottes, der Erlöser der Welt sei? Seine Geburt ist selbst in den Schriften des neuen Testamentes mehr ein theologischer denn ein historischer Bericht. Sein öffentliches Wirken lässt sich auf einen knappen Zeitraum seines Lebens zusammenfassen. Je nach Evangelium sind es ein bis drei Jahre und die uns bekannten Begegnungen mit Menschen, seine Reden und Wunder erstrecken sich sogar nur über einen Zeitraum weniger Wochen. Seine Anhänger berichten, er sei drei Tage nach seinem Sterben am Kreuz von den Toten auferstanden und sie hätten ihn gesehen – Christen sollten Nichtchristen zubilligen, dass das eine schwer zu glaubende Geschichte ist! In diesem Jesus soll Gottes Sohn in die Welt gekommen sein? Wenn ich höre, vor wie viel Milliarden Jahren der Kosmos entstanden und wie unermesslich groß er ist, dann fällt es mir nicht leicht zu glauben, dass auf der Erde vor zweitausend Jahren sich das Entscheidende zwischen Anfang und Ende der Schöpfung ereignet haben soll. Dass die meisten Menschen der Welt das nicht oder etwas anderes glauben, macht die Vorstellung von Jesus als dem Sohn Gottes und Erlöser der Welt nicht gerade leichter. Im Wettbewerb mit anderen Glaubensrichtungen und einem allgemein schwindenden Glauben wirkt diese Geschichte noch exotischer. Wer den geschützten Raum verlässt, in dem das geglaubt wird, der wird mit Fragen konfrontiert, auf die es keine leichten Antworten gibt – das gilt für jeden Gläubigen und für jede Religion. Als Homer Simpson, selbst Christ, in der gleichnamigen Serie *Die Simpsons* eine Figur des Elefantengottes Ganesha beim Inder Apu sieht, äußert er sein tiefstes Bedauern darüber, so etwas Absurdes glauben zu müssen[13] und bei der Verteilung der Religionen habe Apu wohl Pech gehabt. Homers Aussage »Gott ist meine Lieblings-Science-Fiction-Figur«[14] wird jeden Atheisten erfreuen und Theisten erahnen lassen, wie man selbst und sein Glaube auf andere wirkt. Man darf als Glaubender Wunder und Erscheinungen in sein Glaubensleben integrieren und als bereichernd erleben; aber ich bin dankbar, dass meine Kirche ihren Glauben weder auf solche Phänomene gründet noch ihn damit begründet. Ich lebe mit der Option *Gott* und glaube in der christlichen Tradition. Dass ich das nicht allein machen muss, erleichtert mir meinen Glauben ungemein, denn ich bin Teil einer großen Gemeinschaft und kann auf die Suche und Erfahrung, Theologie und Mystik vieler Frauen und Männer aufbauen. Ich muss nicht bei Null anfangen. So versuche ich, meinen Lebensweg als Christ zu gehen. Das meiste auf diesem Weg regelt sich auf nachvollziehbare, natürliche Weise. Doch als gläubiger Mensch versuche ich mir die Welt mit Gott zu erklären, aber ich suche nicht in allem Gott als Erklärung. Wer dies tut, der erscheint vielleicht als besonders gläubig oder sogar fromm. Solange seine Rechnung aufgeht, spricht dies für den Glauben. Doch solch ein Denken gibt allen Atheisten und

Zweiflern auch ein Argument in die Hand, wenn die Rechnung nicht aufgeht – und das tut sie zu oft. Denn wenn etwas Unglaubliches geschieht, scheint sich darin tatsächlich ein Spalt in der sichtbaren Welt aufzutun, durch den der Mensch einen Blick zu erheischen versucht auf den Unglaublichen in der unsichtbaren Welt. Und gerade an den Grenzen des Lebens lässt sich für einen Glaubenden einiges besser erklären – aber deswegen noch lange nicht alles in dieser Welt. Egal auf welchen Glauben man sich einlässt, es bleiben Ungereimtheiten. Auf Gott lässt sich kein Reim machen. Wer versucht, Gott in sein Leben so glatt einzufügen, dass daraus ein Gedicht wird, der hat Gott sehr klein gemacht. Gott schreibt Prosa, weil auch das Leben in Prosa stattfindet, weil es die Frage nach dem Sinn nicht beantwortet, weil Menschen Unrecht widerfährt und sie anderen nicht gerecht werden, weil sie Liebe suchen und sie schuldig bleiben, weil sie Mörder und Märtyrer, Huren und Heilige sein können. Ob mit oder ohne Gott, es bleiben Ungereimtheiten im Leben. Weil Gott nicht funktioniert.

Warum glauben, was glauben und wie glauben?

W enn es so schwer ist, dem Gebet konkrete Ergebnisse zuzuordnen: warum dann überhaupt glauben? Warum auf Gott vertrauen, wenn er eine solch unsichere Größe ist und es ein Wagnis ist, mit ihm zu rechnen? Und diese Spannung wächst noch; denn wenn Gott ist, wie wir ihn glauben, dann ist er eine Größe, die die sichtbare Welt übersteigt, mit einem Absolutheitsanspruch verbunden wird und dennoch eine vage und letztlich nicht beweisbare Option bleibt. Nicht zu vergessen, dass es die unterschiedlichsten Möglichkeiten gibt, was und wie man glauben kann.

Es gibt kein Gen, auf dem sich der Glaube verorten lässt. Was es gibt, ist die Tradition der Glaubensweitergabe. Doch wir sehen in unserer Gesellschaft, dass sich der Glaube selbst daran immer weniger bindet. Die Tradition schien lange ein ausreichender Nährboden zu sein für das Wachstum des Glaubens und seine Weitergabe von Generation zu Generation. Inzwischen muss sich der Mensch in unseren Breiten nicht einmal mehr entscheiden, ob er glaubt oder nicht. An die Stelle des gesellschaftlichen Phänomens »Glaube« tritt vielmehr die persönliche Entscheidung und selbst die ist manchmal situations- und tagesabhängig. Bei Turbulenzen im Flugzeug sinkt die Quote der Atheisten rapide, in Notlagen steigt die Frequenz der Gebete und auf Bergen oder bei Sonnenuntergängen am Meer öffnet sich der Spalt zum Transzendenten leichter als in der Warteschlange an der Kasse oder in der Monotonie des Alltags.

Was aber ist gemeint, wenn »Glaube« gesagt wird? Der weit verbreiteten Meinung, dass jeder Mensch an etwas glaubt und sei es ans Geld, würde ich widersprechen. Zumindest insofern, dass dieser »Glaube« nicht meinem Glaubensbegriff entspricht. Eine solche Sichtweise nimmt weder meinen Glauben ernst noch die Entscheidung anderer Menschen, die ohne einen Glauben leben. Wenn ich von Glauben spreche, dann handelt es sich um etwas, das außerhalb der sichtbaren Welt liegt, das etwas Jenseitiges betrifft.

Ich bin noch in einer Atmosphäre aufgewachsen, in der der Glaube an Gott ein fester Bestandteil war. So schwer manchen Menschen heute der Glaube fällt, so unglaublich war in dieser Atmosphäre die Vorstellung einer Nicht-Existenz Gottes. Diese glaubensförderliche Umwelt ist weitestgehend dahin und an ihre Stelle sind Fragen getreten, die sich auch mir immer wieder stellen: *Warum glauben? Was glauben? Wie glauben?*

Diese Fragen kann ich kurz beantworten:

Warum glaube ich? Ich glaube, weil ich es gelernt habe! Glauben war immer Teil meines Denkens und es geht mir bis heute gut damit. Mein Leben wird dadurch weder beschränkt noch beengt, sondern die Vorstellung eines Gottes fühlt sich gut an. Ich glaube weder aus Angst noch aus Not. Der Versuch, nicht zu glauben, blieb bei einem so Tun als ob. Bis zum heutigen Tag lebe ich mein Leben ausschließlich mit dem Glauben an einen Gott.

Was glaube ich? Ich glaube das, was ich gelernt habe und womit ich groß geworden bin! Ich glaube das, was die Mehrheit meines Kulturkreises auch glaubt. Das hört sich nach einem sehr von außen gesteuerten Glauben an und dem Eindruck kann ich nicht widersprechen. Ich glaube das, was die Mehrheit meiner Umgebung glaubt, und ich vermute einmal, wenn ich in Indien geboren worden wäre, wäre ich wahrscheinlich Hindu geworden oder in der Türkei Moslem. Natürlich wäre ich nicht derselbe, der ich heute bin. Aber dass ein Glaube zunächst einmal abhängig ist von der Familie und Kultur, in die man geboren wird, entspricht der Glaubensentscheidung der meisten Menschen weltweit. Sie glauben zunächst einmal das, was sie kennengelernt habe. Allerdings: Ich habe mir diesen vorgefundenen Glauben, das Christentum, auch durch ein Studium zu eigen gemacht, sodass es nicht mehr nur ein anerzogenes oder blind übernommenes, sondern ein sehr bewusstes Glauben geworden ist.

Wie glaube ich? Ich glaube in der Form, in der ich großgeworden bin und die ich mir später bewusst durch eine Praxis zu eigen gemacht habe! Ich glaube als Christ in der römisch-katholischen Form. Diese hat über zweitausend Jahre eine sehr facettenreiche Ausformung bekommen. Das Schöne an diesem Facettenreichtum ist, dass es für viele Menschen unterschiedliche Ausdrucksformen des gemeinsamen Glaubens gibt. Allein die Anzahl der unterschiedlichen Ordensgemeinschaften sind ein Beleg für die vielfältigen Möglichkeiten, innerhalb derselben Kirche verschiedene Wege zu gehen. Im Vergleich zu den wenigen letztlich verbindlichen Aussagen, was den katholischen Glauben ausmacht, sind die möglichen Formen und Wege für diese Glaubensausprägung bald unübersichtlich viele. Der Satz »Alle Wege führen nach Rom« meint genau dies und auf den vielen möglichen Wegen habe ich meinen gefunden, in dieser Gemeinschaft den Glauben zu leben. Dass es Christen gibt, die einen anderen Weg gehen, damit kann jeder gut leben, der seinen Weg gefunden hat. Die Vielfältigkeit kann verunsichern und unsichere Menschen hätten gerne ihren Weg als den für alle verbindlichen vorgeschrieben. Die Vielfältigkeit der Wege kann jedoch anregend sein und einladen, seinen Weg zu finden. So lassen sich die drei Fragen relativ kurz beantworten, doch soll auch eine ausführliche Antwort folgen.

Warum ich glaube

Die beiden Fragen »Warum ich glaube?« und »Was ich glaube?« lassen sich nicht scharf voneinander trennen. Die dritte Frage hingegen »Wie ich glaube?« ist konkreter zu beantworten, weil eine Form immer konkret ist. Wenn es sich aber um das Warum und das Was handelt, bleibt manches möglicherweise eher unscharf.

Wer als Erwachsener zum Glauben findet, der hat das überzeugende Argument der eigenen Entscheidung auf seiner Seite. Er kannte ja das Nichtglauben oder einen anderen Glauben und hat, aus welchen Gründen auch immer, eine bewusste Entscheidung für etwas Neues gefällt. Das gilt umgekehrt auch für den Menschen, der gläubig groß geworden ist und sich später bewusst dagegen entscheidet. Die, die bei dem bleiben, mit dem sie aufgewachsen sind – sei es Glaube oder Nichtglaube –, setzen sich immer dem Verdacht aus, dass sie einfach einer Gewohnheit folgen. Aber können Menschen sich ohne Weiteres einfach für das Glauben oder gar einen Glauben entscheiden? Gibt es überhaupt ein Können oder ein Wollen, wenn es um die Frage des Glaubens geht? Anders gefragt: Gibt es Umstände, die einen Menschen glauben lassen oder die für die Option »Glaube« sprechen? Im großen Glaubensbekenntnis der Kirche[15] gibt es einen Satz, der das, was Glaube sein kann, sehr weit fasst: »Ich glaube an die sichtbare und die unsichtbare Welt.« Diese Formulierung ist großartig, weil eine unsichtbare Welt ein sehr freies Denken ermöglicht über das, was da oder dass da was sein kann. Diese Formulierung bringt zunächst einmal nur die Option ins Wort, dass es mehr gibt als das Sichtbare, und dies verbindet alle glaubenden Menschen miteinander: den Glauben an eine unsichtbare Welt.

An diese unsichtbare Welt glaube ich. Dieser Glaube ruht auf drei Säulen, die für mich und meinen Glauben entscheidend sind: Ewigkeit, Barmherzigkeit, Liebe.

Ewigkeit

Als unsere hochbetagte Großmutter im Sterben lag, studierte ich gerade in München. Ihr Sterben war ein Prozess von Tagen. Irgendwann stand sie nicht mehr auf, dann verließ sie der Appetit und schließlich verweigerte sie auch das Trinken. Es wurde Zeit, nach Hause zu fahren. Als ich ihr Sterbezimmer betrat, machte sie die Augen nicht mehr auf. Ich sagte einige Worte und meine Großmutter weinte, als sie meine Stimme vernahm.

Unsere Familie hielt an ihrem Bett Wache. Es war in einer Novembernacht und wir merkten, dass ihr Atem immer flacher wurde. Wir saßen um ihr Bett und taten, was wir noch nie zuvor gemeinsam getan hatten: Wir beteten den Rosenkranz. Dieses regelmäßige Wechselgebet beruhigte uns und erfüllte seinen jahrhundertealten Dienst bestens. Im Zimmer brannte auf dem Tisch eine große Kerze und auf der Fensterbank stand der Vogelkäfig mit dem schon alten und lange verstummten Kanarienvogel, wie jeden Abend mit einem Tuch abgedeckt. Wir fühlten, wie von Minute zu Minute das Leben aus unserer Großmutter wich. Ihr Atem wurde langsamer. Auf einmal setzte sie sich aufrecht hin, öffnete die Augen, schaute sich um, sank zurück in das Kissen, atmete ein letztes Mal aus und war tot. In derselben Sekunde erlosch die große Kerze hinter uns und der alte Kanarienvogel fing in der Dunkelheit der

Nacht unter dem Tuch an zu singen, seit Monaten zum ersten Mal. Ich spürte: Da ist etwas, da kommt noch etwas, das letzte Wort wird nicht in dieser Welt gesprochen. Es war ein Gefühl, mehr nicht und man kann dem entgegenhalten, dass es einer Sehnsucht entsprang, einem Wunsch, einer Einbildung. Ich verspürte in diesem Moment tatsächlich die Sehnsucht, dass es ganz konkret mit diesem Menschen noch einmal ein Wiedersehen geben würde. Meine Sterblichkeit, die Sterblichkeit derer, die ich liebe und letztlich die Sterblichkeit jedes Menschen, ist für mich ein wesentlicher Grund meines Glaubens. Die Fragen, ob etwas war oder sein wird, die Fragen von Woher und Wohin, die beantworte ich mit dem Glauben. Angesichts des Unsichtbaren und des Unbestimmten ist Glauben für mich eine adäquate Umgehensweise damit. Das Leben in einer ausschließlichen Welt des Sichtbaren ist für mich zu wenig. Der Einspruch, Menschen würden nur glauben, was sie sehen könnten oder sich beweisen ließe, klingt überzeugender, als er ist, denn an das Sichtbare und Beweisbare muss man nicht mehr glauben. Ich muss nicht glauben, dass der Tisch vor mir ein Tisch ist und mathematische Formeln und physikalische Experimente haben eine überzeugende Wirkung. Mit Glauben und mit Gott hat das allerdings nichts zu tun. Beginnt der Glaube nicht vielmehr erst da, wo die naturwissenschaftlich beweisbaren und für alle Menschen offensichtlichen Grenzen erreicht werden?

Die Welt des Unsichtbaren und des Nicht-Beweisbaren berührt die Sphäre des Glaubens – und umgekehrt. Der Glaube an eine unsichtbare Welt formuliert die Ahnung einer transzendenten Realität und trifft bei mir auf eine Transzendenzbereitschaft. Der Glaube ist der Versuch, eine Erfahrung zu erklären, die Wissenschaften mir nicht erklären können, wie die Erfahrung, die ich beim Sterben meiner Großmutter gemacht habe. Dass die Kerze erlosch, der Vogel zu singen begann, und dass beides etwas mit dem Tod meiner Großmutter zu tun hat, das ist kein Fall für die Wissenschaft, sondern für den Glauben. So verstanden steht der Glaube nicht gegen die Wissenschaft, sondern sucht und denkt »noch einmal neu«. Wissenschaftlich Ungeklärtes zur Grundlage des Glaubens zu machen, wird beiden nicht gerecht, weder den Wissenschaften noch dem Glauben. Wenn Schöpfung und Leben nicht zufällig sind, dann stellen sich Fragen angesichts von Anfang und Ende meines Lebens, allen Lebens, des Seins. Der Glaube transzendiert mein sterbliches Leben und wird für mich zum Spielraum des Denkens über die unsichtbare Welt und Gott. Andreas Knapp hat dazu geschrieben: »Glaube ist kein Ersatz für das Wissen, sondern ein nachdenklicher Umgang mit unserem Wissen. Der Glaube beginnt nicht dort, wo das Denken endet, sondern umgekehrt: Der Glaube beginnt aus eigenen Gründen. Wo der Glaube ins Spiel kommt, beginnt das Denken noch einmal neu.«[16]

Die Frage nach dem Tod und dem, was danach kommt, ist zutiefst menschlich und wird nicht nur von alten Menschen gestellt. Diese Frage stellte mir zum Beispiel auch Julia, eine sportliche junge Frau von Anfang Dreißig, sympathisch, gewinnend, lebenslustig, Juristin und mit einem klaren, analytischen Verstand. Sie lebte in keiner festen Beziehung, hatte keine Kinder, musste sich finanziell keine Sorgen machen. Dann hatte sie die Diagnose erhalten: Krebs. Und irgendwann spürte sie, dass ihr Kampf nicht mehr zu gewinnen war. In dieser Situation bat sie um eine geistliche Begleitung und so kamen wir in Kontakt. Julia erzählte von ihrem Leben, von ihrer Herkunft, von ihren Entscheidungen und warum sie ihren Weg so gegangen ist. Zeit für Smalltalk hätte sie nie gehabt, kein Interesse an oberflächlichen Gesprächen auf Partys, an Klatsch und Tratsch. Fast so, als hätte sie ein Gespür dafür gehabt, dass ihre Lebenszeit begrenzt sei. Eines Tages sagte sie zu mir: »Ich würde gerne Theologie studieren, sollte ich den Krebs doch besiegen. Ich habe den Eindruck, zu wenig über Gott nachgedacht zu haben. Ich möchte mehr von ihm wissen! Wer und wie ist der, den ich Gott nenne? Damit kein falscher Eindruck entsteht: Ich biete ihm das nicht an im Austausch für eine mögliche Heilung. An so etwas glaube ich nicht. Aber ich werde meine verbleibende Zeit mehr dafür nutzen, über Gott nachzudenken.«

In den folgenden Wochen gab es immer wieder Begegnungen und Impulse für dieses Nachdenken. Irgendwann kam dann ein Anruf aus der Klinik: »Heute waren die Ärzte da und haben gesagt, ich sei austherapiert.« Am Tag darauf habe ich sie besucht. Julia lag im Bett, gezeichnet vom Krebs, den Chemotherapien und Bestrahlungen. Man sah, was dem Körper abverlangt worden war, aber sie konnte immer noch lächeln. »Das war es jetzt wohl! Ich weiß nicht, wie lange ich noch leben werde. Gestern kam nach den Ärzten auch eine psychologische Betreuung und hat gemeint, ich solle doch überlegen, was ich mit der verbleibenden Lebenszeit noch tun will, woran ich noch Freude habe.« Und dann kam der Satz, den ich bis heute mit Julia verbinde: »Aber was soll ich mit einer solch kapitalistischen Vertröstung?« Über die Formulierung haben wir beide herzhaft gelacht. Julia meinte: »Ich verstehe die ja, die wollen mir helfen. Ich stehe aber vor der Frage nach dem Sinn des Lebens und da hilft mir ein gutes Essen oder eine Reise auch nicht mehr.« Angesichts des Todes, der schon ums Haus geht, ist eine Henkersmahlzeit ein schwacher Trost.

Wenige Tage vor ihrem Tod feierten Julia und ihre Freunde dann doch noch ein Fest. Angesichts ihres körperlichen Zustandes erforderte die Planung von allen Beteiligten ein hohes Maß an Flexibilität, denn der Termin konnte erst kurz vorher festgelegt werden. Ihre beste Freundin war Mutter geworden und die Eltern des neugeborenen Kindes hatten sie gebeten, das Patenamt zu übernehmen. Deshalb trafen sich alle kurzfristig an einem Werktagnachmittag in der Kirche. Eine vom Tode gezeichnete Patin trug dabei das neue Leben auf ihren Armen und die Texte der Taufe hatten plötzlich einen ganz anderen Klang. »Die Eltern dieses Kindes haben Sie gebeten, das Patenamt zu übernehmen. Auf Ihre Weise sollen Sie mithelfen, dass aus diesem Kind ein guter Mensch und ein guter Christ wird. Sind Sie dazu bereit?«

Was ich auf einmal so tief wie selten zuvor spüren konnte: Wir glauben daran, dass Himmel und Erde nicht voneinander getrennte Sphären sind, sondern dass eine Verbindung zwischen ihnen besteht. Auch, wenn das Kind seine Patin nie von Angesicht zu Angesicht kennenlernen wird, wird diese ihm eine Begleiterin sein. Denn die Verbindung der beiden gründet in Gott.

»Mit großer Freude nimmt dich unsere Gemeinde auf. In ihrem Namen bezeichne ich dich mit dem Zeichen des Kreuzes. Nach mir werden auch deine Eltern und Paten dieses Zeichen Jesu Christi, des Erlösers, auf deine Stirne zeichnen.« Das Zeichen des Kreuzes verbindet die Christen untereinander, erkennen sie doch darin das Heilswirken ihres Erlösers Jesus Christus in seinem Sterben und Auferstehen. Er ist nicht für sich auferstanden, sondern auch für die sterbende Julia und das neugeborene Kind.

»Herr Jesus Christus, du hast einst Kindern die Hände aufgelegt und sie gesegnet. Schütze dieses Kind und halte fern von ihm, was unmenschlich und böse ist. Lass es bei seinen Eltern und Paten geborgen sein, und gib ihm Sicherheit und Schutz auf den Wegen seines Lebens, der du lebst und herrschest in Ewigkeit.« Der Glaube an eine unsichtbare Welt gibt diesem Gebet einen Sinn.

»Ich taufe dich im Namen des Vaters und des Sohnes und des Heiligen Geistes.« Die Taufe ist nicht eine Feier, in der ein

Mensch seinen Namen bekommt, sondern in dem sein sterbliches Leben in Verbindung gebracht wird mit dem Gott, der ihm Unsterblichkeit verheißt.

»Liebe Eltern und Paten, Ihnen wird dieses Licht (der Taufkerze) anvertraut. Christus, das Licht der Welt hat Ihr Kind erleuchtet. Es soll als Kind des Lichtes leben, sich im Glauben bewähren und dem Herrn und allen Heiligen entgegengehen, wenn er kommt in Herrlichkeit.« Wenige Tage später ist Julia diesen Weg dem Herrn entgegengegangen in seine Herrlichkeit.

Nicht die Angst vor dem Tod lässt mich also glauben, sondern die Hoffnung, dass dies alles hier mehr ist als Zufall. Die Angst vor dem Sterben kenne ich dennoch und bei der Begleitung Sterbender habe ich diese mit vielen geteilt. Die dann gestellte Frage »Können Sie mir sagen, dass es Gott gibt?« habe ich ehrlicherweise nie mit einem »Ja!« beantwortet. Aber so wie ich vor dem Sterben die Angst teile, so kann ich von meiner Hoffnung auf Auferstehung nach dem Tod erzählen und auch diese teilen. Glaube ist für mich deshalb mehr Hoffnung denn Wissen, denn er spielt sich in einer anderen Sphäre, einer anderen Kategorie ab. Eine Gottesgewissheit, bei der man den Eindruck gewinnen kann, sie hätte den Zustand des Glaubens bereits hinter sich gelassen und wäre zur Gewissheit gekommen, ist mir stets fremd geblieben. Ohne dieses Wissen anderen absprechen zu wollen, würde mir dabei das Glauben ebenso fehlen wie das Suchen und Zweifeln. Vielleicht besteht der Unterschied zwischen dem Theisten und dem Atheisten nur darin, dass der Theist alles, was ist, mit der Option eines Gottes sieht. In beiden Fällen jedoch, ob Theist oder Atheist, kann es problematisch werden, wenn an die Stelle des Suchens das Finden tritt, an die des Glaubens das Wissen und der Zweifel endgültig ausgeräumt wird. Heinrich Böll[17] sagte es so: »Ich kann mir keinen Menschen vorstellen, der sich nicht – jedenfalls zeitweise, stundenweise, tageweise oder auch nur augenblicksweise – klar darüber wird, dass er nicht ganz auf diese Erde gehört.«

»Es ist schon etwas dran, dass mein Atheismus die Todesfälle in meiner Umgebung nicht überlebt«, hat Michel Houellebecq einmal gesagt. Die Erfahrung von Sterblichkeit und die damit verbundene Hoffnung auf Ewigkeit lässt mich glauben. Ich erhoffe mir und glaube, dass der Mensch nicht nur ein Zellhaufen ist, der mit dem letzten Atemzug in einen Verwesungsprozess übergeht. Nicht die Würmer sollen das letzte Wort haben, sondern Gott. Es ist gut, dass ein Teil von mir dem Prozess des Entstehens und Vergehens unterworfen ist. Doch dass alles vergänglich sein soll, das kann und will ich nicht glauben.

Barmherzigkeit

Neben der Erfahrung der Vergänglichkeit und Sterblichkeit, die nicht aufgehoben werden können, macht der Mensch die der Vergeblichkeit. Trotz bester Vorsätze stößt er an Grenzen seiner Möglichkeiten, macht Fehler und erlebt an Leib und Seele die Fehler, die andere begehen.

Die Pubertät war zumindest bei mir eine Phase, und ich glaube damit keineswegs allein zu stehen, in der mir gerade noch zwei Dinge einfielen, bei denen ich Fehler machte und ich war mir sicher, auch diese Fehlerquelle in nächster Zukunft beheben zu können. Seit dem Ende der Pubertät hat sich die Zahl möglicher Fehlentscheidungen hingegen nur vergrößert und sie scheint mit den Lebensjahren immer noch zu wachsen. Das Gespür für das eigene Fehlverhalten im Umgang mit den Mitmenschen und der ganzen Schöpfung führt nach meiner Erfahrung zur Verringerung derselben Fehler, verringert aber deswegen noch lange nicht die Fehlerzahl insgesamt. Manches

Verhalten ist in unserer Persönlichkeit einfach angelegt und der Choleriker wird auch beim bestem Vorsatz dennoch öfter übers Ziel hinausschießen als der Phlegmatiker, der umgekehrt einem Unrecht möglicherweise weniger entschieden entgegentritt. Doch selbst wenn wir bei fortschreitendem Alter und wachsender Lebenserfahrung uns selbst immer besser kennenlernen mit unseren Stärken und Schwächen, werden wir letztere wohl nie ganz beherrschen. Ein geschärftes Gewissen und eine erhöhte Aufmerksamkeit lassen die Fehlerquote auf der einen Seite sinken, erhöhen aber gleichzeitig auch die Sensibilität und lassen anderes, neues Fehlverhalten erkennen. Allein das Vorhaben, ökologisch und weltwirtschaftlich die richtigen Entscheidungen zu treffen, kann einen an den Rand der Verzweiflung bringen. Die Flut an Informationen erleichtert die Entscheidungen nicht zwangläufig. Was ist für den Einkauf die richtige Wahl: Baumwollbeutel, Plastiktasche, Papiertasche – beim Abwägen aller Optionen: Herstellung, Transportwege der Materialien, Haltbarkeit, Nachhaltigkeit, Reinigung, Entsorgung, Witterung? Der Baumwollbeutel legt lange Transportwege zurück, der Plastikbeutel verrottet zu langsam und die Papiertasche reißt bei Regen. Dabei handelt es sich bei diesem Beispiel noch um eine Lappalie im Vergleich zu dem, was zwischenmenschlich an Fehlern passieren kann, in Gedanken, Worten und Werken. Selbst Eltern, die mit dem besten Vorsatz an die Erziehung ihrer Kinder herangehen, werden diese nicht fehlerlos bewerkstelligen. Eltern bekommen Kinder – Eltern erziehen Kinder – wenn sie Glück haben, verzeihen ihnen ihre Kinder, denn Fehler bleiben Fehler, selbst wenn sie unbeabsichtigt gemacht wurden.

So lernt ein Kind, was richtig und was falsch ist. In wie weit dieses Lernen das Ergebnis von kulturellen Gegebenheiten oder auch religiöser Prägungen ist, sei dahingestellt, denn die Begrifflichkeiten von *richtig* und *falsch* gibt es in allen gesellschaftlichen und sozialen Zusammenhängen, unabhängig davon, wie sie im Einzelnen definiert werden. Mag in der einen Kultur ein bestimmtes Verhalten sanktioniert werden, in einer anderen dagegen nicht, es gibt die Bewertungskriterien von *falsch* und *richtig, gut* und *schlecht*. Auf einer Reise durch den Nordosten Brasiliens kam ich mit einer Bekannten in eine Gegend, in der Frauen in Handarbeit Hängematten herstellten. Als diese vom Besuch aus Europa hörten, strömten sie zu unserer Unterkunft und breiteten ihr Waren aus. Eine Woche webten sie an solch einer Hängematte und verlangten doch nicht mehr als 15,– DM dafür. Jeder von uns kaufte eine Hängematte. Allerdings fanden wir diesen Preis viel zu niedrig und gaben der jeweiligen Händlerin stattdessen 25,– DM. Was dann jedoch passierte, werde ich nicht vergessen: Statt Freude über den höheren Preis prasselten auf uns die Vorwürfe aller anderen Frauen nur so nieder. Hätten wir nicht zwei, sondern drei Hängematten gekauft, dann hätte auch eine dritte Frau einen Verdienst gehabt! Mit guter Absicht wurde eine falsche Entscheidung getroffen und es kam zu einer bösen Szene.

Wir können noch so sehr das Gute tun und das Böse vermeiden wollen, immer werden wir mit schwer abzuwägenden Entscheidungen und unbeabsichtigt gemachten Fehler konfrontiert werden. Paulus schreibt dazu im Römerbrief: »Das Gute zu wollen, dazu bin ich bereit, aber nicht, es auszuführen. Ich tue nämlich nicht das Gute, das ich will, sondern das Böse, das ich nicht will, das tue ich. Wenn ich aber das tue, was ich nicht will, dann führe nicht mehr ich es aus, sondern die in mir wohnende Sünde. Ich stoße also auf das Gesetz, dass mir, der das Gute tun will, das Böse zur Hand kommt.«[18] Paulus sagt uns: Ich kann es drehen und wenden, wie ich will: Die Sünde ist Teil meines Lebens. Einige Fehler kann ich wiedergutmachen, für manche kann ich um Entschuldigung und Verzeihung bitten, doch es bleibt eine Diskrepanz zwischen der Absicht und dem

Ergebnis, dem Wollen und dem Vollbringen, dem Wissen und dem Können. Immer wieder ist irgendjemand oder irgendetwas von meinen Handlungen nachteilig betroffen. Wem nichts einfällt in seinem Leben, für das er andere um Verzeihung bitten müsste, dem wird hoffentlich auch nichts einfallen, für das andere ihn um Verzeihung bitten müssen. Jeder erwachsene Mensch, der sein Leben und das seiner Mitmenschen betrachtet, wird feststellen, dass er Opfer und Täter von Fehlentscheidungen ist. Als Opfer sollten wir verzeihen lernen und als Täter lernen, Verzeihung anzunehmen. Und dennoch: Bei aller zwischenmenschlichen Fehlerquote und dem Versuch, diese auch nachträglich auszugleichen, bleibt eine Diskrepanz, die Menschen letztlich nicht ausgleichen können. Die Kommunikation zwischen Menschen in Gedanken, Worten und Werken ist eine begrenzte. Deswegen hoffe ich auf eine Instanz, die das auszugleichen vermag, was ich Menschen schuldig bleibe oder wo ich mich an der Schöpfung versündigt habe, wie und wo auch immer. Das ist das, was ich unter Barmherzigkeit verstehe. Theologisch ist der Begriff der Sünde mit der Absicht des menschlichen Handelns verknüpft, dennoch fügen auch die unbeabsichtigten Fehler einen Schaden zu. Der Mensch erlebt sich als Mängelwesen mit einer gleichzeitig unstillbaren Sehnsucht nach Liebe und Glück. So erfahre ich in dieser Welt oft das Vorletzte, denn das Letzte ist begrenzt durch meine Fähigkeiten und Möglichkeiten. Wann gelingt uns Menschen eine Kommunikation schon einmal vollkommen, sei es mit anderen Menschen oder der Schöpfung? Vielleicht sind Rosamunde-Pilcher[19]-Filme auch deswegen so beliebt, weil sie uns die Sehnsucht nach vollkommener Schönheit und Begegnung innerhalb neunzig Minuten in Bild und Ton zeigen.

Es gibt einen Titel Jesu, der heute nur noch selten gebraucht wird, weil ihm unberechtigterweise etwas Kindliches, Altbackenes und Triviales anhängt: *Heiland*. Dabei ist gerade mit dieser Bezeichnung etwas sehr Erlösendes gemeint. Jesus ist als der Erlöser derjenige, der das Heil herstellen wird, indem er den Menschen und die Schöpfung von allen Verletzungen heilt. Die Natur kennt bei Verletzungen das Phänomen der Heilung. Heilung heißt dabei nicht, dass etwas wie vorher ist, sondern dass die Natur in der Lage ist, zumindest all jene Wunden zu heilen, an denen sie nicht zugrunde geht. Das ist es, was ich mir von meinem Gott wünsche: einen umfassenden Heilungsprozess in seiner Gegenwart. Wo dies der ganzen Schöpfung zuteil wird, das ist der Himmel. Es gibt also nach dem Leben nicht eine Rückkehr ins Paradies, sondern ein Leben im Himmel.

Liebe

Ich bin ein sterblicher Mensch, und nur ein Gott kann ewiges Leben geben. Ich bin ein Mensch, der auf die Verzeihung angewiesen ist und nur ein Gott kann das mit Gutem vergelten, was Menschen einander schuldig bleiben. Und ich bin vom ersten bis zum letzten Atemzug liebesbedürftig und niemand kann vollkommen lieben außer einem Gott. Wie bei allem Verzeihen und Erbarmen eine Diskrepanz bleibt, so bleibt stets ein unerfüllter Rest in jeder Liebe zwischen Menschen, wie groß sie auch sei. Dieser Gedanke schmälert die menschliche Liebe nicht, sondern er entlastet sie vielmehr von unerfüllbaren Erwartungen.

Keine Religion hat den Begriff der Liebe in der Verbindung mit Gott so sehr in die Mitte ihres Denkens gerückt wie die christliche. So heißt es in der Bibel: »Geliebte, wir wollen einander lieben; denn die Liebe ist aus Gott und jeder, der liebt, stammt von Gott und erkennt Gott. Wer nicht liebt, hat Gott nicht erkannt; denn Gott ist die Liebe.«[20] In der Folge davon wurde in zweitausend Jahren viel Großes über die Liebe geschrieben und auch viel Dummes darüber gesagt. Die Liebe wurde in himmlische Sphären überhöht und auf Erden mit Füßen getreten, und in manchem Schlager ist besser darüber gesungen worden als in vielen Predigten gesprochen.

Für mich hängen die Liebe und die Erfahrungen von Vergeblichkeit und Sterblichkeit eng zusammen. Von Marcel Reich-Ranicki stammt die Aussage, die Literatur habe eigentlich nur zwei Themen: die Liebe und den Tod. Der Tod stellt alles in Frage, was ist. Und die Liebe ist die beste und zugleich schwierigste Antwort darauf. Die Liebe ist wie Gott nicht beweisbar, sondern muss geglaubt werden. Würden wir nur an das glauben, was wir beweisen könnten, müssten sich Menschen für ein Leben ohne Liebe entscheiden. Es gibt Anzeichen, Andeutungen und Hinweise auf Liebe – wie es die im Glauben auch gibt. Beweise sind das allerdings nicht. Glaube und Liebe vollziehen sich in der Sphäre des nicht Beweisbaren und sind sich vielleicht auch deswegen ähnlich, ist es doch auch der innigste Wunsch des Liebenden, dass der geliebte Mensch lebe – und der Glaube, dass der geliebte Mensch nach dem Tod weiterlebt oder man ihn wiedertrifft, nach dem eigenen Tod. Die Liebe lässt erkennen, dass die Existenz des geliebten Menschen das größte Glück für einen selbst ist. Wer die Befriedigung seiner Bedürfnisse sucht, der muss nicht heiraten. Liebe hingegen sucht die Beziehung. »Jemanden lieben, heißt den Grund verstehen, warum Gott diesen Menschen gemacht hat.«[21]

Sterblichkeit macht mich erlösungsbedürftig.
Menschliches Defizit gibt mir eine Erlösungshoffnung.
Grenzen der Liebe erfüllen mich mit Erlösungssehnsucht.
Für mich sind es die drei großen Erfahrungen des Lebens, die mich glauben lassen: Liebe, Tod und Sünde. Wo es diese Grenzen nicht mehr gibt, da beginnt der Himmel.

Zweiter Teil –
Was ich glaube

Mein Credo –
Ich glaube

Das Glaubensbekenntnis der Christen beginnt mit dem Wort »Ich« (Credo bedeutet übersetzt: Ich glaube). Die Kirche als Gemeinschaft von Glaubenden entbindet den einzelnen Gläubigen nicht davon, sein Bekenntnis auszusprechen: Ich glaube. Glauben findet in Gemeinschaft statt und ist für viele so auch leichter zu leben, doch den Akt des Glaubens an sich, den kann immer nur der Einzelne setzen. So sehr der Akt des Glaubens einer ist, den mir niemand abnehmen kann, so kann ich keinen anderen dafür verantwortlich machen, was ich glaube.

Was aber ist es, was ich glaube? Wer ist es, an den ich glaube? Credo, ich glaube an Gott! Doch wie ist der, (an) den ich glaube? Von Romano Guardini gibt es ein Gebet, das zu meinem festen Gebetsschatz gehört, und das meiner Vorstellung von Gott einen guten Ausdruck verleiht. Es lautet:

> »Immerfort empfange ich mich aus deiner Hand.
> Das ist meine Wahrheit und meine Freude.
> Immerfort blickt dein Auge mich an und ich lebe aus
> deinem Blick, du mein Schöpfer und mein Heil.
> Lehre mich, in der Stille deiner Gegenwart das Geheimnis
> zu verstehen, das ich bin, und das ich bin durch dich und
> vor dir und für dich.«[22]

Was ich besonders an diesem Gebet finde: Es kann nicht unmittelbar als ein christliches identifiziert werden. Es gibt keine biblischen Bezüge, selbst der Begriff »Gott« kommt nicht vor. Der, an den sich der Betende wendet, wird als »Du« angesprochen. Darüber hinaus sind es nur zwei Begriffe, die diesen Text zu einem Gebet machen: Schöpfer und Heil. Diese beiden Begriffe beschreiben das, was wesentlich Gott ausmacht. Als Schöpfer ist er[23] derjenige, von dem alles ausgeht, und als Heil derjenige, in dem sich alles vollendet. Beides liegt außerhalb des Sichtbaren und Beweisbaren. Der Beter wendet sich an einen Gott in einer unsichtbaren Welt, die in Beziehung steht mit der seinen und mit seinem Leben. Ich will die einzelnen Zeilen dieses Gebetes ausführen, weil sie meine Vorstellung von Gebet und von Gott wunderbar ausdrücken, kürzer und prägnanter als eine theologische Abhandlung.

»Immerfort empfange ich mich aus deiner Hand. Das ist meine Wahrheit und meine Freude.« Der Beter empfindet seine Existenz nicht allein als etwas, das durch einen Akt irgendwann einmal begonnen hat, sondern er befindet sich in einem immer noch andauernden Prozess des Empfangens und Werdens. Das Sein ist nicht Zufall, sondern beabsichtigt und gewollt. Immerfort empfangend heißt aber auch, dass nicht nur etwas ununterbrochen von jemandem ausgeht, sondern auf der anderen Seite auch andauernd entgegengenommen wird. Von Gottes Seite aus reißt die Verbindung nicht ab. Gott ist immerfort bei mir, selbst wenn ich nicht immer bei ihm sein sollte.

»Immerfort blickt dein Auge mich an, und ich lebe aus deinem Blick, du mein Schöpfer und mein Heil.« Zu dem Ununterbrochen-Empfangen gehört ein stetes Gesehen-Werden. Es gibt keinen Moment, in dem Gott nicht nach mir schaut. Wie anders klingt das, wenn aus dem positiven *aus dem Blick meines Schöpfers und Heiles Leben* ein negatives und moralisches Beobachten wird mit dem altbekannten Satz: »Ein Auge ist, das alles sieht, auch was in dunkler Nacht geschieht«. Hier wird nach Fehlern gesucht. Guardini dagegen spricht von

einem dauernden Gesehen-Werden und zwar von jemandem, der mich gewollt hat und liebt. Daraus kann ein Gefühl erwachsen von *Ich lebe aus deinem Blick.* Ich fühle mich dann nicht beobachtet, sondern gesehen, und das tut gut. Jeder Mensch will gesehen und nicht übersehen werden und Gott sieht mich. Er sucht dabei nicht nach Fehlern, sondern will mich einfach nicht aus dem Blick lassen, so wie Eltern ihre Kinder. Eltern wissen, dass Fehler gemacht werden. Da wird gestolpert und auch mal gefallen, da wird wieder aufgestanden und gelernt, aber das Kind wird nicht mit dem Ziel beobachtet, zu sehen, wann es den nächsten Fehler macht. Eltern schauen nach ihrem Kind, um seinen Weg liebevoll und vertrauend zu begleiten. Die Mutter eines Patensohnes sagte im Hinblick auf ihren Erziehungsstil: »Bis vierzehn habe ich mein Kind erzogen, danach habe ich es begleitet.«

»Lehre mich, in der Stille deiner Gegenwart das Geheimnis zu verstehen, das ich bin.« Dieses Immerfort-Empfangen, dieses Immerfort-gesehen-Werden wird zu einer andauernden Gegenwart. Es ist eine Gegenwart, in der Gott sieht, aber in die er mir nicht immer reinredet, sondern in der ich lernen kann: *Lehre mich in der Stille deiner Gegenwart.* Gott lässt mir meine Freiheit und in dieser darf ein Lernprozess stattfinden, ein *Lehre mich.* Gott ist dabei, aber still, interessiert, nicht vorschreibend. Auf die Anwesenheit Gottes muss der Mensch nicht immer mit Reden reagieren. Schwerer als zu reden ist es, still zu werden, seine Gedanken zu beruhigen und irgendwann ganz loszulassen. Ein anglikanischer Bischof wurde in einem Interview gefragt, wie lange er jeden Tag bete. Er meinte, dass er auf vielleicht zwei oder drei Minuten komme. Der erstaunten Reaktion des Reporters, das sei aber nicht viel, stimmte er zu, ergänzte aber, dass er dafür jedoch eine halbe Stunde Vorbereitung brauche. »Die Stille ist Gottes Muttersprache. Alles andere ist armselige Übersetzung.«[24]

»Lehre mich, in der Stille deiner Gegenwart das Geheimnis zu verstehen, das ich bin, und das ich bin durch dich und vor dir und für dich.« Der Gedanke des Geheimnisses wird später noch einmal aufgenommen und ausgeweitet. Hier nur so viel: Das »Geheimnis zu verstehen, das ich bin« wird aufgegliedert in die Bereiche »durch dich – vor dir – für dich.« Das Geheimnis des Lebens liegt schon begründet in seiner Existenz. Warum bin ich, sind andere, ist die Schöpfung und ist vielmehr nicht nichts? Als Glaubender bin ich, weil Gott es wollte, »ich bin durch dich«. Als Glaubender bin ich »vor dir« als ein von Gott Gesehener. Besonders jedoch haben die letzten drei Worte mich immer wieder herausgefordert, wenn es dort heißt: *Das Geheimnis zu verstehen, das ich bin für dich.* Wie kann der Mensch für Gott ein Geheimnis sein? Zunächst habe ich gedacht, es müsste heißen: *das Geheimnis, das ich bin für mich.* Das Woher und Wohin, das Wozu und Warum meiner Existenz ist mir nämlich ein Geheimnis. Wenn jedoch ein Theologe wie Romano Guardini schreibt *ein Geheimnis, das ich bin für dich,* dann wird er sich dabei etwas gedacht haben. Nur: Weiß Gott denn nicht alles, und sogar alles im Voraus? Wie ist es zu verstehen, dass der Mensch auch ein Geheimnis für Gott sein soll? Der Sichtweise Gottes auf den Menschen, die sich in dieser Formulierung äußert, entspricht mein Gottesbild zutiefst. Ich frage mich: Will denn Gott überhaupt alles von mir im Voraus wissen? Ist Gott derjenige, der heute schon weiß, was ich morgen oder in einem Jahr tun werde, welche Entscheidung ich fällen, was ich sagen, welchen Fehler ich mache oder was mir gelingen wird? Hieße das nicht, dass jedes Gebet um Beistand für die richtige Entscheidungen eigentlich zwecklos wäre? Denn wenn ich heute bete um Erkenntnis für eine Entscheidung, Gott aber schon weiß, wie ich mich entscheiden werde, warum ihn dann noch um seine Hilfe bitten? Als Gott ist er Herr über Zeit und Ewigkeit, doch blickt er in

die Zukunft wie in eine Glaskugel und kann heute schon sehen, dass ich mich trotz oder wegen meines Gebets und seines Beistandes falsch oder richtig entscheiden werde? Das glaube ich nicht. Für mich ist Gott selbst gespannt, wie ich mich entscheide, auch wenn ich ihn darum bitte, mir zu helfen, mit mir diesen Weg zu gehen. Ich entscheide mich im Rahmen meiner Herkunft, meiner Anlagen, meines Umfeldes, meiner Talente. In diesem Rahmen kann ich erkennen, entscheiden und handeln. Und Gott, so glaube ich, ist gespannt als der mich sehende, aber nicht beobachtende Gott. Durch seine von mir erbetene Gegenwart kann ich mehr Licht auf dem Wege vor mir haben, aber die Entscheidung wird mir weder abgenommen noch vorhergesehen.

Mir fällt dazu eine Anekdote ein: Den bereits erwähnten Neffen Lukas hatte ich im Grundschulalter zu einem Kinobesuch eingeladen. Wir fuhren mit dem Bus in die Stadt. Es war ein Gelenkbus, seine beiden Teile also in der Mitte durch eine Ziehharmonika mit einer Drehscheibe verbunden. Lukas wollte sich natürlich auf diese Scheibe stellen, ist ja auch spannender. Ich wollte lieber sitzen, gab ihm aber die Erlaubnis, sich auf die Drehscheibe zu stellen, verbunden mit dem Rat, sich festzuhalten. Selbstverständlich ging ich davon aus, dass er den Rat nicht befolgen würde. Ich setzte mich also und er stand. Wir fuhren in die erste Kurve und ich sagte, ohne mich, umzuwenden: »Du sollst dich festhalten.« Lukas fragte: »Woher wusstest du, dass ich mich nicht festgehalten habe?« »Ich habe auch hinten Augen.« »Das glaube ich nicht«, gab er zurück und ich antwortete nur: »Das ist gut, dass du das nicht glaubst.«

Was hätte ich sonst sagen sollen? Erklären Sie einmal einem Kind, woher ein Erwachsener weiß, dass es sich in so einem Moment nicht festhalten wird. Und so wie Erwachsene erahnen können, ohne es sicher zu wissen, was ein Kind tun wird, so hat Gott eine Ahnung davon, wie ich mich entscheiden könnte im Rahmen meiner Möglichkeiten. Er bestimmt nicht vorher, wie ich mich entscheide und ich gehe davon aus, dass er es auch nicht vorher wissen will.

Guardinis *Lehre mich das Geheimnis zu verstehen, das ich bin für dich* drückt genau diese Spannung aus: Gott will mit jedem Menschen seinen Weg gehen und der Weg dieses Menschen bleibt auch für Gott ein Geheimnis. Das Geheimnis einer Beziehung, die der Mensch mit Gott und die Gott mit dem Menschen eingeht, ist deshalb für beide etwas noch Unbekanntes, maximal zu Erahnendes, ein Wagnis. Auf dem Weg dieser Beziehung kann es immer wieder Momente der Erkenntnis geben, doch wer meint, Gott erkannt zu haben, der hat ihn nicht erkannt, oder um es mit den Worten von Dietrich Bonhoeffer[25] zu sagen: »Einen Gott, den es gibt, gibt es nicht.«

Gott und der Mensch, das ist von Anfang an kein leichtes Miteinander. Nimmt man beispielsweise die ersten Seiten des Alten Testamentes, so liest man dort: Gott sprach und es geschah. Der Schöpfungsbericht ist nach diesem Prinzip aufgebaut.[26] Gott sprach, es werde Licht, es entstehe Land, es gebe Pflanzen und Tiere, und unmittelbar darauf geschieht es. In dem Moment allerdings, als der Mensch in diese Schöpfung eintritt, ändert sich das. Gott gibt alles, was er geschaffen hat, in die Hände des Menschen mit einer Ausnahme, den Baum der Erkenntnis von Gut und Böse.[27] Das ist das Lebensnahe und doch so oft Übersehene in der Heiligen Schrift, dass sie eben nicht ein Buch von ausschließlich gelungenen Geschichten, fehlerlosen Biographien und geglückten Aktionen ist, und auch nicht davon handelt, dass alles geschieht, was Gott befiehlt oder rät. In dem Moment, in dem der Mensch auftritt, ist es aus mit der unmittelbaren Wirkung des Wortes Gottes. Es beginnt schon damit, dass Gott dem Menschen etwas sagt und der Mensch sich nicht daran hält, Die Geschichte des Sündenfalls ist eine Deutungsgeschichte von dem, wie der Mensch ist, aber eben auch davon, wie Gott ist – und das Verhältnis zwischen Schöpfer und Geschöpf. Der Mensch hat die Freiheit, sich nicht an das zu halten, was Gott sagt. Das Alte Testament ist voll von solchen Geschichten und die Bibel nicht deswegen eine heilige Schrift, weil sie lauter gelingende Geschichten von Gott und Mensch erzählt. Selbst die als Vorbilder dienenden Personen werden nicht als Menschen geschildert, die alles richtig und nach dem Willen Gottes machten. David gilt als das Ideal eines Königs[28], doch neben allem Vorbildlichen werden sein Scheitern, sein Betrug, Ehebruch und Mord nicht verschwiegen. Man stelle sich vor, solche Geschichten würden über eine Idealfigur unserer Tage bekannt und wie selbstverständlich in die Biografie seiner Anhänger aufgenommen! Selbst wenn Gott es auf indirekte Weise probiert, gelingt dieses meistens nicht. Immer wieder werden Propheten zu den Menschen gesandt, aber ihr Wort fällt oft, zu oft, auf unfruchtbaren Boden. Elija zum Beispiel ringt mit Gott und scheitert wieder und wieder mit seinen Predigten und Wundern[29]: »Nun ist es genug, Herr! Nimm meine Seele hin; ich bin ja nicht besser als meine Väter!«[30] Nicht anders ergeht es Gott mit seinem Propheten Jona. Gottes Wort erging an Jona. Was tut er? Er läuft erst einmal weg.[31]

Dieser Grundtenor zieht sich weiter bis ins Neue Testament. Auch die Gleichnisse Jesu sind von Wirklichkeitsnähe geprägt. Was Gott gerne hätte, ist klar. Aber es wird über das berichtet, was im Zusammenspiel von Gott und Mensch herauskommen wird, zum Beispiel: Ein Sämann ging auf seinen Acker und säte.[32] Doch nicht alles Saatgut geht auf, sondern es geht nur einiges auf, viel fiel auf den Weg, unter die Dornen oder es vertrocknete. Die Saat, von der gesprochen wird, ist das Wort Gottes und selbst dieser Saat ist keine hundertprozentige Erfolgsquote garantiert, denn der Boden, auf den sie gesät wird, ist der Mensch. Gott macht sein Wirken abhängig von der Zustimmung des Menschen und wenn die Bedingungen nicht stimmen, dann kann Jesus zum Beispiel auch keine Wunder wirken.[33]

Auch die Vorbilder, die versagen, tauchen im Neuen Testament auf. Nicht nur über den Glauben der Apostel wird berichtet, sondern auch, dass im entscheidenden Moment elf von zwölf die Flucht ergriffen haben.[34] Von ihnen ist bekannt, dass sie unbedingt wissen wollten, wer denn der Wichtigste von ihnen sei.[35] So eine Frage im Evangelium können wir theologisch interpretieren, aber sie zeugt auch davon, wie wir Menschen sind: Es geht um uns – und nicht um Gott. Und das lässt er zu.

Die Bibel erzählt also von Menschen, die es versuchen und scheitern, die nachfolgen und weglaufen, die groß und dann auch wieder ganz klein sind. Wenn auch der Mensch manchmal an Gott verzweifelt und ihn wegwirft, Gott verwirft den Menschen umgekehrt nicht. Er weiß nicht, wie der Mensch reagieren wird, denn auch der Mensch ist für Gott ein Geheimnis. Das Geheimnis des anderen zu achten, das ist Grundlage für eine gute Beziehung, nicht nur zwischen den Menschen, sondern auch zwischen Gott und Mensch.

Welcher Verein soll es sein?

Noch einmal zurück nach Afrika, in die Nacht und meine Angst. »Ich glaube an eine sichtbare und eine unsichtbare Welt«, so heißt es im großen Glaubensbekenntnis und auf einmal kam die Schwelle zur unsichtbaren Welt in Form von Hyänen unserem Leben sehr nahe. Wir erlebten und erlitten zwei Stunden Todesangst. Wir dachten nicht nur, wir wussten: Jeden Moment könnte unsere Leben zu Ende sein, zumindest das Leben in der sichtbaren Welt. Ob ich mit meinem Glauben an eine unsichtbare Welt richtig gelegen habe, würde ich vielleicht schneller herausfinden, als mir lieb war. Aus Glauben würde Wissen. Wissen darüber, ob der Glaube an ein Leben danach richtig war oder nicht. Wahrheit oder Irrtum – wobei ich im Falle von Irrtum das nicht mehr mitbekommen würde.

Damals versuchte ich alles, um meine Angst zu kontrollieren, vergeblich. Ich dachte nicht daran, was ich einmal unter der sogenannten »Pascal'schen Wette« gelernt hatte, natürlich nicht. Diese Wette geht auf Blaise Pascal, einen französischen Mathematiker, Physiker, Literaten und christlichen Philosophen aus dem 17. Jahrhundert zurück, und davon aus, dass es nur die beiden Möglichkeiten gibt: Gott ist oder er ist nicht. Die Vernunft kann weder das eine noch das andere behaupten oder leugnen. Denen, die sich entschieden haben, kann man keinen Vorwurf machen, denn sie wissen nicht, ob sie im Unrecht sind oder schlecht gewählt haben. Diese Wahl nannte Pascal seine Wette, denn er plädierte für eine Entscheidung, die sich nicht mit der Vernunft herbeiführen lässt, die aber durchaus entschieden werden sollte. Er war überzeugt: Zu glauben ist nicht vernünftiger als nicht zu glauben. Das sollten Theisten wie Atheisten nicht vergessen und die Entscheidung des anderen respektieren. Doch angesichts von Gewinn und Verlust entschied Pascal sich für den Glauben, aus vernünftigen Gründen: Setzt der Mensch, so Pascal, auf die Existenz Gottes und es gibt ihn, dann hat er gewonnen. Gibt es ihn nicht, so verliert er auch nichts. Die Prämisse dahinter war freilich, dass die Existenz Gottes ein Leben nach dem Tod des Menschen bedeutete. Dann wäre nämlich, sollte Gott nicht existieren, auch nach dem Tod nichts – und der Mensch hätte nichts verloren, weil er selbst nicht mehr wäre. Eine rein logische Entscheidung, die Pascal allerdings etwas einschränkte. So gestand er zu, dass der Akt des Glaubens letztlich nicht nur eine Sache des Wollens, sondern auch des Könnens sei, und schloss daher seine Argumentation: Entscheide dich, wenn du kannst!

Ich habe mich angesichts der oben beschriebenen Grenzerfahrungen von Liebe, Tod und Sünde entschieden, mit der Option für einen Gott zu leben. Doch für welchen Gott entscheide ich mich? Am Anfang stand keine Entscheidung, weil ich in den Glauben hineingeboren und in einer Tradition aufgewachsen bin. Doch mit den Jahren wurde es eine, mit Suchen und Ringen, gerade weil ich Gott nicht einfach gefunden habe.

Im Jahre 2018 wurde in den Medien über den zwölfjährigen Jason berichtet. Jason ist Autist und war mit seinem Vater bei einem Fußballspiel. Sein Vater ist Fan von Fortuna Düsseldorf. Auf dem Heimweg stellt Jason sich die Frage, welcher Fußballverein denn sein Lieblingsverein sein könnte. Sich der Entscheidung des Vaters anzuschließen, ist für ihn so wenig überzeugend wie eine Entscheidung für den Fußballverein der Heimatstadt, den erfolgreichsten Club, den mit den meisten

Fans oder für einen bemitleidenswerten Außenseiter. Jason hat viele Ausschlusskriterien und er stellt eine große Anzahl an Bedingungen. Kriterien und Bedingungen müssen nicht logisch sein, was bei der Entscheidung für einen Lieblingsfußballverein einleuchtend ist, denn welcher echte Fan entscheidet da schon logisch? Die Entscheidung richtet sich nach einem Lieblingsland oder der Heimatstadt, nach einer Familientradition, dem Freundeskreis oder einem besonderen Erlebnis. Jason wiederum lehnt Vereine mit Stoffmaskottchen ebenso ab wie solche, deren Teams vor dem Anpfiff einen Kreis bilden. Allerdings beschränkt er seine Suche nicht nur auf die Erste Bundesliga oder gar Deutschland, er versucht vielmehr, allen Teams eine Chance zu geben und das ist bei über 25.000 Vereinen allein in Deutschland eine echte Herausforderung.

Nun mag die Suche nach einem Lieblingsfußballverein eine unterhaltsame Beschäftigung sein und selbst wenn man damit nie zu einer Entscheidung kommt, ist das auch nicht wirklich dramatisch. Die Entscheidung für eine Religion dürfte von den meisten doch als existenzieller angesehen werden. Wie also entscheidet sich jemand für eine Religion, wenn er zu dem Ergebnis gekommen ist, dass er sich für die Option »Glauben« entschieden hat? Die Pascal'sche Wette spricht ja ganz allgemein von Gott, nicht von einem bestimmten. Wenn auch die Beweisbarkeit Gottes außerhalb menschlicher Möglichkeiten liegt, so steht der glaubende Mensch doch vor der Aufgabe, sich eine Vorstellung von dem Gott zu machen, der das Objekt seines Glaubens ist. Diese Vorstellung muss nicht mit einer bestimmten Religion zusammenhängen, tut es aber zumeist. Wie die Mehrheit der glaubenden Menschen habe auch ich mich entschieden für die Religion, die ich in meiner Familie und Gesellschaft vorgefunden habe. Damit setze ich mich natürlich dem Vorwurf aus, nicht richtig gesucht zu haben. Als ich 1960 in Kleve am Niederrhein geboren wurde, gab es in Westdeutschland noch flächendeckend mit der evangelischen und katholischen Kirche zwei Glaubensgemeinschaften mit volkskirchlichem Charakter und die Frage einer Entscheidung gegen die Religion war damals noch sehr selten. Auch wenn ich mich für die vorgefundene Religion entschieden habe, mag man mir zugute halten, dass ich meine Entscheidung inzwischen hätte revidieren können, wenn ich es gewollt hätte. Was nun den Fall des Fußballfans Jason aus meiner Sicht so sympathisch macht, ist seine bewusste Suche nach einem Lieblingsverein, ohne den naheliegendsten zu wählen. Ich muss gestehen, dass ich mich entschieden habe und zwar für den »Verein«, dem ich seit dem achten Tag meines Lebens angehöre. Und ich gestehe weiter: Eine intensive Suche hat auch nicht stattgefunden, kein Abwägen und Prüfen anderer Religionen, keine Probemitgliedschaft in einer anderen Gemeinschaft. Was jedoch stattgefunden hat, ist die Beschäftigung mit der eigenen Religion und eine bewusste Entscheidung für diese. Bewusst allerdings in dem Sinne, dass ich auch weiß, dass Entscheidungen, die nicht nach Vernunftkriterien zu fällen sind, sondern in hohem Maße von Gefühlen und Emotionen bestimmt werden, nur in einem begrenzten Maße logischen Bedingungen oder Ausschlusskriterien folgen können. Niemand kann alle Menschen seiner Generation kennenlernen, bevor er sich entscheidet, wen er heiraten möchte. Dass die »Entscheidung«, in wen man sich verliebt, in erstaunlich hohem Maße auf einen Menschen meiner näheren Umgebung fällt, das ist erwartbar und vernünftig, denn sollte man auf die weltweite Suche nach seinem Lieblingsmenschen gehen, dann wäre im Vergleich dazu die Suche Jasons nach seinem Lieblingsfußballverein noch ein Kinderspiel. Wenn ein Mensch nicht bei der vorgefundenen Religion bleibt, sondern nach seiner Entscheidung zu glauben auch nach der für ihn passenden Form sucht, verdient er höchsten Respekt und Anerkennung. Dass sich immer mehr

Menschen in unserer Gesellschaft überhaupt gegen eine Religion entscheiden, hinterfragt einerseits die Entscheidung für eine Religion um so stärker, kann andererseits diese Entscheidung selbst aber auch stärken. Außerdem kann man sich heute viel leichter über andere Religionen informieren und in Länder reisen, in denen sie die Mehrheit bilden. Teil einer Mehrheit zu sein, erleichtert eine Glaubenspraxis, verringert den Zweifel, allerdings nicht immer – und ist vor allem als Argument für eine Überzeugung wenig tragfähig. Der Dalai Lama[36], Oberhaupt des tibetischen Buddhismus, spricht sich für die Religionsfreiheit aus, rät aber gleichzeitig von einem Religionswechsel ab. Meist sei es besser, in der eigenen geistlichen Tradition zu bleiben, so der Dalai Lama in einem Vortrag in Frankfurt 2009. Dieser Rat lenkt die Aufmerksamkeit darauf, dass Menschen sehr wohl in der Lage sein können, ihre Religion zu wechseln, dass eine Religion jedoch auch eine enge Verbindung eingeht mit der Kultur, in der sie gelebt wird. Ein Religionswechsel ist deswegen in Teilen auch immer ein Kulturwechsel. Wie schwer Religion und Kultur manchmal zu trennen sind, merken wir an Weihnachten. Menschen, die nicht an Gott glauben, stellen sich dennoch eine Krippe auf und singen Weihnachtslieder und selbst Menschen anderer Religionen können oder wollen sich dem kulturellen Einfluss dieses Festes nicht entziehen. Weltweit bleiben die meisten Menschen vielleicht auch aus diesen Gründen der Religion treu, in der sie aufgewachsen sind, oder entscheiden sich für eine der Religionen, die in ihrer Umgebung die Mehrheit stellt. Seltener schließen sich Menschen kleinen Gemeinschaften an, was nicht zwangsläufig mit dem Glaubensinhalt zu tun hat, sondern mit der Bekanntheit der Glaubensgemeinschaft. Allerdings fordert schwindender und weniger praktizierter Glaube die verbleibenden Mitglieder religiöser Gemeinschaften stärker heraus, sich selbst Rechenschaft zu geben über ihren Glauben: Warum bleibe ich bei meiner Religion, in meiner Kirche, bei meiner Praxis? All das wird heute viel stärker hinterfragt als noch vor zwei oder drei Generationen.

In seinem Roman Cécile[37] lässt Theodor Fontane die Protagonistin, die zum lutherischen Glauben ihres Mann konvertiert war, im Abschiedsbrief an ihn schreiben: »Ihre hundertfach erprobte Milde wird nicht Anstoß daran nehmen, dass es ein katholisches Kreuz ist, und auch daran nicht, dass ich, eine Konvertitin, meine letzten Gebete an eben dies Kreuz und aus einem katholischen Herzen heraus gerichtet habe. Jede Kirche hat reiche Gaben, und auch der Ihrigen verdanke ich viel. Die aber, darin ich geboren und groß gezogen wurde, macht uns das Sterben leichter und bettet uns sanfter.«

Die Entscheidung für eine Religion wird nicht nur mit dem Verstand gefällt, sondern auch mit dem Herzen und ist zudem beeinflusst von Herkunft, Umständen und Kultur. Eine junge Frau, die sich aufgrund ihrer gleichgeschlechtlichen Beziehung in der katholischen Kirche nicht willkommen sah und ausgetreten war, wollte nach einer überwundenen lebensgefährlichen Erkrankung wieder in die Kirche eintreten und wandte sich an mich. Dass sich die offizielle Haltung der Kirche zur Homosexualität seit ihrem Austritt nicht geändert hatte, war ihr klar. Dass sie in einer anderen Kirche möglicherweise eher akzeptiert würde, darauf war sie schon selber gekommen, hatte dies aber mit der Begründung abgelehnt, das sei eben nicht ihre Kirche. Für diese Frau galt das Wort von Fontane: »Jede Kirche hat reiche Gaben, … . Die aber, darin ich geboren und groß gezogen wurde, macht uns das Sterben leichter und bettet uns sanfter.« Dass der Kirchenraum ihr immer offen stünde, das reichte ihr nicht aus. Es fehlte ihr das Gefühl der Dazugehörigkeit zu der Gemeinschaft, in der sie groß geworden war. Das ist ein Gefühl, vielleicht nicht vernünftig, aber nachvollziehbar.

Ich glaube an Gott
und an Kerzen

Ich habe in dieser Nacht der Hyänen nicht an Gott oder meinem Glauben gezweifelt. Ich habe nicht um ein Wunder gebetet, nicht weil ich besonders heroisch wäre und angstfrei, oder weil ich schon aufgegeben hatte. Ich habe nicht gebetet, weil ich nicht an einen Gott glaube, der so funktioniert. Dass ich das nicht tue, wurde mir aber erst nach dieser Nacht in der ganzen Tragweite, auch mit den gesamten Schwierigkeiten und Fragen, bewusst. Wegen des Gottesbildes, das meinem Glauben zugrunde liegt.

Wenn Menschen *Gott* sagen, meinen sie noch lange nicht dasselbe oder denselben damit. Da der, den der Begriff *Gott* meint, so schwer zu begreifen und zu verstehen ist, ist dieser Begriff vielleicht auch der am meisten missverstandene und missbrauchte in der Welt. Was wurde neben all dem Guten, das im Namen Gottes getan wurde, nicht auch an Bösem alles getan! Wie aber haben Menschen den Gott ihrer Religion kennengelernt, wie wurde er ihnen vermittelt, welches Bild entstand in den Köpfen? Diese Frage kann sich nur jeder selbst beantworten. Doch unabhängig davon, wie die eigene Antwort ausfällt, kann man sagen, dass früher eher ein strafender Gott verkündet wurde, heute ein sanfter, geduldiger, barmherziger. Nach ihrem Gottesbild aus Kindertagen gefragt, zitieren ältere Menschen oft zwei Sätze: »Ein Auge ist, das alles sieht, auch was in dunkler Nacht geschieht!« und den Anfang eines Kirchenliedes: »Strenger Richter aller Sünder, der du uns so schrecklich drohst!« Unter dem darin sich offenbarenden

Gottesbild haben nicht wenige ein Leben lang gelitten. Ohne Glauben an einen Gott wollten oder konnten sie nicht leben, aber dieses Gottesbild loszulassen, ist nicht jedem gelungen. Ich selbst bin in einem strengen Elternhaus aufgewachsen. Gleichzeitig bekamen wir als Kinder ein freundliches Gottesbild gezeichnet – die Konsequenzen und Strafen, die wir erhielten, hatten nie etwas mit Gott zu tun, sondern waren sehr konkret und diesseitig.

Es ist riskant, der Versuchung nachzugeben, Gott praktisch und funktional in sein Leben zu integrieren und ihn nur dann hervorzuholen, wenn man ihn braucht. Ein Vater[38], der zwei Kinder, eines nach einem Tag und eines nach achtzig Tagen, verloren und darüber ein Buch geschrieben hatte, wurde in einem Interview gefragt, welche Rolle Religion in seinem Leben spiele. Manche finden in solchen Phasen zum Glauben und der Religion, andere wenden sich erst recht davon ab. Die Antwort des Vaters lautete: »Mit der Kirche hatte ich nie viel am Hut. In der Zeit mit Luca aber habe ich öfter gebetet, man greift in der Not ja zu jedem Strohhalm. Mit Lucas Mutter habe ich an Silvester im Kölner Dom eine Kerze für Luca entzündet in der Hoffnung, das würde irgendwie helfen. Heute sage ich: Alles Aberglauben, der hilflose Versuch, alles zu unternehmen, was irgendeine Art von Erfolg verspricht in einer Situation, der man ohnmächtig gegenübersteht. Am Ende entscheidet die Medizin, wie es ausgeht, oder das Glück. Später bin ich jedenfalls aus der Kirche ausgetreten. Lucas Tod war sicher ein Grund für diesen Schritt, mit dem Gedanken: Gott, du hilfst mir nicht.«[39]

Ich kann diese Haltung gut verstehen. Den Schmerz, die Verzweiflung, die seelische Not des Vaters kann ich nur erahnen. Wie höhnisch mögen die vielen Kerzen vor seinem geistigen Auge flackern, wie sinnlos die unzähligen Gebete und Bitten. Ich verstehe seine Entscheidung und den Kirchenaustritt und zugleich glaube ich, dass sie wesentlich mit dem Bild von einem Gott, der funktionieren soll, zu tun hat. Wie ein Fallschirm oder ein Regenschirm. Ein Gott, der wie ein Regenschirm für den Notfall zur Hand sein soll, ist hilfreich, regnet es aber längere Zeit nicht oder scheint gar die Sonne, dann wird er gerne schon mal irgendwo vergessen. Wenn dann wieder ein Unwetter aufzieht, sucht man danach und der vergessene Schirm trägt auch noch Schuld daran, dass man nass wird. In diesem Falle wird Gott nicht um seiner selbst willen als etwas Absolutes verehrt, sondern soll etwas Zweckmäßiges in den Notfällen des Lebens sein. Das Göttliche in Form von Zweck und Funktion in sein Leben einzufügen, ist verlockend, wird jedoch weder uns und vor allem Gott nicht gerecht.

Der Zusammenhang von Gott, Glaube und Kerzen, der begegnete mir noch einmal, allerdings in ganz anderer Form. Bei einem Taufgespräch berichteten mir Eltern, dass sie bei der Ultraschalluntersuchung in der Woche vor der Trauung gesehen hätten, dass ihr Kind wohl behindert sein wird. Auf der Hochzeitsreise seien sie in jede Kirche gegangen, hätten Kerzen entzündet und schließlich ein gesundes Kind bekommen. Ihr Kind sahen die Eltern als ein Wunder an, nicht jedoch, weil es gesund zur Welt gekommen ist. Sie glaubten nicht an den Zusammenhang von Kerzenopfer, Gebet und Geburt eines gesunden Kindes. Vielmehr sagte die Mutter, selber Ärztin, dass die Ultraschallaufnahmen einen erheblichen Unsicherheitsfaktor hätten. Sie würden Gott dennoch danken und weiterhin Kerzen entzünden. Die Sorgen der Eltern waren real und groß. In ihrer Not hatten sie sich mit einer klaren Bitte an Gott gewandt. Er war die Institution, der sie ihre Not klagen konnten. Sie hielten seine Hilfe für möglich, machten ihren Kontakt zu ihm aber nicht davon abhängig. Für einen nicht glaubenden Menschen erscheint das unlogisch und das kann es selbst für einen Gläubigen sein. Gläubige dürfen Gebet und gewünschtes Ergebnis als einen Beleg für das Wirken ihres Gottes sehen. Doch welche Erklärung muss herhalten, wenn Letzteres ausbleibt? Wenn Gott so willkürlich und unberechenbar ist, dann kann ich verstehen, dass Menschen ihre Rechnung im Leben lieber ohne ihn machen. Statt Willkür würden Glaubende vielleicht eher Geheimnis sagen und ziehen sich mit dieser Wortwahl auf ein Terrain zurück, das im Zusammenhang mit Gott immer angebracht ist, in der Katastrophe jedoch wenig tröstet. In der Not reagieren Menschen, ob gläubig oder nicht, wenig logisch. Viele greifen nach Gott wie nach dem rettenden Strohhalm. Wenn Menschen in Kirchen Kerzen entzünden, dann tun sie dies kaum wegen der romantischen Atmosphäre. Man tritt wohl niemandem zu nahe, wenn man unterstellt, dass sich mit jeder Kerze ein Name oder ein Anliegen verbindet.

In der katholischen Tradition werden der Lichtmesskerze besondere Fähigkeiten zugeschrieben. Am 02. Februar feiert die Kirche das Fest der ›Darstellung des Herrn‹, im Volksmund auch ›Mariae Lichtmess‹ genannt. Dieses Fest erinnert an den ersten Besuch Jesu mit seinen Eltern im Tempel in Jerusalem, bei dem die greisen Simeon und Hanna in dem Kind den Messias und Erlöser erkennen und daraufhin in Frieden dem Ende ihres Lebens entgegensehen[40]. An diesem Fest werden Kerzen gesegnet, die traditionell bei Gewitter entzündet wurden. Ein Gewitter bedrohte früher Hab und Gut, Leib und Leben der Menschen und in solch existenzieller Gefahr sollte die Kerze daran erinnern, dass die Menschen durch Jesus Christus als den Messias bereits erlöst sind. Aus dem theologischen Gedanken wurde in der Volksfrömmigkeit die magische und fast schon abergläubische Vorstellung, dass die Lichtmesskerze vor dem Blitzeinschlag bewahre. Mit dem Aufkommen der Blitzableiter verlor sie diese Bedeutung, gewann aber leider umgekehrt ihre ursprüngliche Intention nicht zurück. Das kommt dabei raus, wenn der Glaube meint, den Platz der Wissenschaft einnehmen zu können und dann davon vertrieben wird.

Ich entzünde oft Kerzen in Kirchen, namentlich für meine Patenkinder, aber auch in eigenen oder geteilten Nöten. Über die Wirksamkeit mache ich mir in diesen Momenten keine Gedanken. Eine Kerze an sich ersetzt weder mein Bemühen noch die Fähigkeiten von Menschen, aber sie ergänzt alles. Ich glaube an Gott und an Kerzen! Doch beidem nähere ich mich mehr mit dem Herzen als mit dem Verstand. Gott ist keine logisch funktionale Größe, die sich in das Leben einbauen lässt. Es ist wie mit einem Zettel, der schon mehrfach im Papierkorb gelandet und doch immer wieder herausgeholt worden ist. Mit all den Knicken und Falten ähnelt er mehr und mehr auch meinem Leben, durch das wir beide nicht glatt durchkommen – weder ich noch Gott.

Mit deinen Augen

Ein Agnostiker, schon vor Jahrzehnten aus der katholischen Kirche ausgetreten, äußerte den Wunsch, mit mir nach Israel zu fahren. Dabei ging es nicht darum die kulturellen oder politischen Gegebenheiten Israels kennenzulernen oder einen Reiseführer durchs Heilige Land zu haben. Unausgesprochen stand dahinter die Frage: Was siehst du, ein Christ, was ich nicht sehe?

Wurde in den vorherigen Kapiteln darüber gesprochen, was mich zu einem glaubenden Menschen macht und darüber, was die Religionen in ihrem »Drang zum Höchsten« in Riten und Formen verbindet, so stellt sich hier die Frage nach dem Spezifikum des Christlichen, die den Agnostiker zu der Fahrt ins Heilige Land mit mir bewog, die Frage nach Gestalt und Anspruch Jesu Christi. Kenntnisse über diesen Jesus führen nicht zwangsläufig zum Glauben an ihn als den Erlöser. Für ihn gilt wie für alle Religionsstifter, dass die Zahl der Menschen, die sie kennen, immer größer ist als die Zahl derer, die ihnen glauben und folgen. Angesichts von mehr als 30.000 Milliarden Sternen im Kosmos, dessen Alter auf 13,7 Milliarden Jahren geschätzt wird, steht mein Glaube an die Person Jesu als Sohn Gottes auf zweifelhaftem Fundament. Ich kann mir hinter dem Universum einen Plan vorstellen, sogar dass da jemand ist, durch den alles ist. Aber dass dieser Zimmermannssohn die entscheidende Figur gewesen sein soll, in der sich der hinter allem Stehende personalisierte, dass das unglaublich erscheint, kann ich auch verstehen. Von Stephen Hawking[41] ist die Aussage: »Sie denken an ein menschenähnliches Wesen, zu dem sie eine persönliche Beziehung unterhalten können. Eine Annahme, die höchst unwahrscheinlich ist, wenn sie sich die ungeheure Größe des Universums anschauen und bedenken, wie unbedeutend und zufällig menschliches Leben im Universum ist.« Angesichts der räumlichen und zeitlichen Ausdehnung des Universums ist das eine nicht von der Hand zu weisende Aussage.

Sehe ich hingegen auf mein Leben mit seinen Grenzen und Fragen, dann bekommen diese in der Person Jesu für mich glaubwürdige Antworten. Selbst Menschen, die nicht an ihn als Erlöser glauben, erkennen in seinem Reden und Handeln eine Person von vorbildlichem Lebenswandel, doch für mich ist er mehr als jeder andere Menschen auch transparent auf Gott hin. Die Frage nach einer Reise durchs Heilige Land ist die Frage nach der Bedeutung der Person Jesu, die letztlich an alle Christen geht: Was seht ihr, was ich nicht sehe? Warum glaubt ihr ihm, nicht jemand anderem oder niemandem? In einer Gesellschaft, in der immer mehr Menschen ohne Gott leben und einer Welt, die andere Glaubensüberzeugungen medial bis in die Wohnzimmer bringt, bekommt die Beantwortung dieser Frage immer größere Bedeutung. Ein volkskirchlich flächendeckender Charakter kennt kaum die Auseinandersetzung mit anderen Religionen und Weltanschauungen. Der christliche Glaube ist jedoch inzwischen auch in der westlichen Welt nur noch eine Option unter vielen. Wo der Glaube fragwürdig geworden ist, hilft es nicht, frühere Gewissheiten zu beschwören.

Wer für mich Jesus Christus ist, geht deshalb immer weit über das Verhalten hinaus, das er Menschen gegenüber an den Tag gelegt hat. Seine Art der Zuwendung zu allen Menschen macht ihn zu einem vorbildlichen Menschen. Dieses Verhalten teilt er mit denen, die der Welt als vorbildlich gelten wie Mahatma Gandhi oder Nelson Mandela. Was ihn unterscheidet, ist sein Anspruch, der Sohn Gottes zu sein, sind die Berichte derer, die ihm gefolgt sind und die die Botschaft seiner Auferstehung verbreitet und niedergeschrieben haben. Denn die Auferstehung, sie ist das Unglaubliche des Unglaublichen. Das, was ich nicht sehen und schon gar nicht beweisen kann und was deshalb meinen Glauben ausmacht.

»Ich erinnere euch, Brüder und Schwestern, an das Evangelium, das ich euch verkündet habe. Ihr habt es angenommen; es ist der Grund, auf dem ihr steht. Durch dieses Evangelium werdet ihr gerettet werden, wenn ihr festhaltet an dem Wort, das ich euch verkündet habe, es sei denn, ihr hättet den Glauben unüberlegt angenommen. Denn vor allem habe ich euch überliefert, was auch ich empfangen habe: Christus ist für unsere Sünden gestorben, gemäß der Schrift, und ist begraben worden. Er ist am dritten Tag auferweckt worden, gemäß der Schrift, und erschien dem Kephas, dann den Zwölf. (...) Ob nun ich verkünde oder die anderen: Das ist unsere Botschaft und das ist der Glaube, den ihr angenommen habt. Wenn aber verkündet wird, dass Christus von den Toten auferweckt worden ist, wie können dann einige von euch sagen: Eine Auferstehung der Toten gibt es nicht? Wenn es keine Auferstehung der Toten gibt, ist auch Christus nicht auferweckt worden. Ist aber Christus nicht auferweckt worden, dann ist unsere Verkündigung leer, leer auch euer Glaube. Wir werden dann auch als falsche Zeugen Gottes entlarvt, weil wir im Widerspruch zu Gott das Zeugnis abgelegt haben: Er hat Christus auferweckt. Er hat ihn eben nicht auferweckt, wenn Tote nicht auferweckt werden. Denn wenn Tote nicht auferweckt werden, ist auch Christus nicht auferweckt worden. Wenn aber Christus nicht auferweckt worden ist, dann ist euer Glaube nutzlos und ihr seid immer noch in euren Sünden; und auch die in Christus Entschlafenen sind dann verloren.« (1. Kor 1–18)

Das Wunder der Auferstehung

Die Aussagen der Augenzeugen über das Unglaubliche genauso wie die Selbstaussage Jesu für wahr zu halten, das ist und bleibt ein Akt des Glaubens. Weder sein Reden noch sein Handeln führen zwangsläufig dazu, ihm auch in dieser Behauptung und den Berichten von der Auferstehung zu folgen. Selbst die Wunder, von denen berichtet wird, sind kein Beweis für den Glauben an ihn als Gottes Sohn. Vielmehr sind sie Zugabe zu seinen Reden. In der Heiligen Schrift werden sie nicht selten wie eine solche Zutat beschrieben. Wunder wie die Heilung eines Blinden[42], Gelähmten[43] oder Besessenen[44] sind das, was vielen als Erstes zur Person Jesu einfällt, und sie sind auch das Erstaunlichste. Nähme man sie jedoch aus den Evangelien heraus, würden diese nicht wesentlich kürzer ausfallen und von seiner eigentlichen Botschaft würde nichts genommen. Jesus ist die Begegnung mit Menschen wichtiger als das Wirken eines Wunders. Manchmal wird dieses eher unwillig vollbracht, um mögliche Zweifel zu zerstreuen. Als ein Zugeständnis an die Natur des Menschen, der einen Beweis braucht und Wunder als Beweise gelten lässt, obwohl sie nicht Grundlage des Glaubens sein können. Als die Menschen einen Gelähmten zu ihm bringen, sagt Jesus zunächst, dass dessen Sünden vergeben seien. In dieser Aussage offenbart er seine göttliche Macht und Herkunft. Die anwesenden Schriftgelehrten erkennen das sofort und machen es ihm zum Vorwurf. »Er lästert. Wer kann Sünden vergeben als Gott allein?«[45] Erst dann heilt er die Krankheit des Mannes und gibt für das Wunder der

Heilung die Begründung: »Was ist leichter, zu dem Gelähmten zu sagen: Deine Sünden sind dir vergeben!, oder zu sagen: Steh auf, nimm dein Bett und geh umher? Damit ihr aber wisst, dass der Menschensohn Macht hat, auf der Erde Sünden zu vergeben – sagte er zu dem Gelähmten: Ich sage dir, steh auf, nimm dein Bett und geh heim!«[46] Verständlicherweise bleiben die Menschen bei dem sichtbaren Zeichen des Wunders der Heilung hängen und alle geraten in Staunen. Dieses Staunen überfiel sie jedoch nicht, als Jesus dem Gelähmten das unsichtbare Zeichen der Sündenvergebung zusprach. Das Wunder der Heilung nimmt die Krankheit in den Blick, die Vergebung der Sünden den ganzen Menschen. Das Wunder ist wunderbar, die Vergebung hingegen ist göttlich! Das Eine ist sichtbar, das Andere ist unsichtbar und kann nur im Glauben angenommen werden. Gerade dies macht den Glauben aus und genau das meine ich, wenn ich sage: Ich glaube das, was ich nicht sehen kann.

Das Entscheidende im Leben Jesu findet statt an den Tagen zwischen seinem Einzug in Jerusalem und der Auferstehung. Alle Geschichten vorher sind eine Hinführung zu diesem Ereignis und werden rückwirkend gedeutet. Bis zur Leidensgeschichte, die mit dem Einzug in Jerusalem beginnt, ist alles menschlich vorbildlich und manches wunderbar. Göttlich allerdings wird dies erst durch die Selbstaussagen und die letzten Tage Jesu bis zu seiner Auferstehung, die als reiner Akt des Glaubens zu verstehen sind. Im Leben Jesu sind die drei Tage von Leiden, Tod und Auferstehung eine kurze Zeitspanne, aber von ihrem Umfang her nehmen sie in den Evangelien im Verhältnis zu allem anderen den größten Teil ein. Manche Exegeten gehen so weit zu sagen, dass die Evangelien eine Passionsgeschichte mit einem Vorspann seien.

Die Wunder Jesu sind oft die äußeren Zeichen, die das vorher Gesagte untermauern. Allerdings gibt es bis auf den heu-

tigen Tag Heilungen und Wunder und sie sind keine Allein-
stellungsmerkmale des christlichen Glaubens. Nicht ohne
Grund hat keines der Wunder Jesu Eingang gefunden in das
Glaubensbekenntnis der Kirche[47]. Die »Wunder«, die Eingang gefunden haben, sind die wirklich kaum zu glaubenden:
»… empfangen durch den Heiligen Geist, geboren von der
Jungfrau Maria, gelitten unter Pontius Pilatus, gekreuzigt, gestorben und begraben, hinabgestiegen in das Reich des Todes,
am dritten Tage auferstanden von den Toten, aufgefahren in
den Himmel, …« Das sind die eigentlich schwer zu glaubenden »Wunder«, auf die der christliche Glaube gründet.

Das Unglaubliche zu glauben, ist eine unglaubliche Herausforderung. Daher ist es verständlich, wenn der Mensch versucht, das Unglaubliche auf ein erklärbares Maß zu reduzieren.
Die Auferstehung Jesu wird daher manchmal so gedeutet, dass
seinen Jüngern in den Tagen nach seinem Tod die Bedeutung
seiner Botschaft immer klarer geworden sei. Sie hätten verstanden, dass sie diese Botschaft der Liebe jetzt zu den Menschen bringen müssen, dass es an ihnen liege, ob die Sache Jesu
weitergehe oder nicht. Dieses Sich-bewusst-Werden hätten sie
wie eine Auferstehung Jesu in ihrer Mitte verstanden: Seine
Sache geht weiter, wenn wir sie fortsetzen. Dieses Verständnis
der Botschaft Jesu ist logisch nachvollziehbar, nimmt ihm aber
den göttlichen Anspruch und reduziert ihn auf ein menschliches Maß. So wird die Person Jesu zum nachahmenswerten
Vorbild für das Miteinander der Menschen. Würden alle Menschen seinem Vorbild folgen, wäre dies zweifelsohne ein Segen
für die Welt, meine letzten Fragen wären damit indes noch
nicht beantwortet. Nur in Gedanken auferstehen, das klingt
nicht schlecht, macht aber aus der Auferstehung ein sehr von
den Menschen abhängiges Geschehen. In Todesanzeigen liest
man manchmal den Satz »Wer im Gedächtnis seiner Lieben
lebt, der ist nicht tot, der ist nur fern; tot ist nur, wer verges-

sen wird.« Da hängt das Leben nach dem Tod doch zu sehr am Gedächtnis der Menschen und zu wenig an Gott. Dieser Satz konsequent weitergedacht heißt nämlich auch, dass ein Diktator und Massenmörder im kollektiven Gedächtnis der Menschen eine lange Lebenserwartung hat, während seine namenlosen Opfer auch diesmal wieder vergessen werden. In einer endlichen Welt verlasse ich mich deshalb bezüglich meiner Auferstehung doch lieber auf die Möglichkeiten Gottes als auf die Vergesslichkeit der Menschen.

Wie wird aber von diesem unglaublichen Geschehen der Auferstehung Jesu berichtet? Die Auferstehungsberichte, an denen der Glaube an die Göttlichkeit Jesu Christi wesentlich hängt, sind in einer Gesamtschau nur schwer miteinander zu harmonisieren. Gerade das überzeugt mich letztlich mehr, als wenn sie logisch und verständlich wären. Auch wenn es paradox klingt: Die Augenzeugenberichte sind von den Evangelisten nicht aufeinander abgestimmt worden, um sie von möglichen Widersprüchen zu bereinigen. Die Ungereimtheiten bei den Erscheinungen des Auferstandenen stehen gleichberechtigt nebeneinander und sagen gerade so etwas darüber aus, wie er ausgesehen haben könnte: sichtbar, aber unbeschreiblich! Alle, die an ihn glauben, konnten ihn sehen und anfassen. Aber sie erkannten ihn nicht am Gesicht, sondern das Erkennen geschah immer auch in Abhängigkeit von demjenigen, dem die Erscheinung zuteil wurde. Maria von Magdala, die am Grab stand, sah ihn und dachte, er wäre ein Gärtner: »Herr, wenn du ihn fortgetragen hast, sag mir, wohin du ihn gelegt hast. Dann werde ich ihn holen.«[48] Erst in dem Moment, als Jesus sie mit ihren Namen »Maria« ansprach, wandte sie sich ihm noch einmal zu und erkannte ihn. Nachdem sie mit seiner Stimme ihren Namen hörte, erkannte sie ihn. Ganz anders die Emmausjünger, die mit Jesus unterwegs waren. Sie hörten die ganze Zeit seine Stimme, erkannten ihn aber nicht daran. Erst als er mit ihnen zu Tisch saß, das Brot brach und es ihnen gab, gingen ihnen die Augen auf. Dieses Zeichen, das sie erst wenige Tage vorher beim Abendmahl erlebt hatten, das Zeichen des Brotbrechens öffnete ihnen die Augen und sie bekamen Bild und Ton zusammen: »Brannte uns nicht das Herz in der Brust, als er auf dem Weg mit uns redete und uns die Schriften erschloss?«[49] Unmittelbar darauf erschien Jesus den Jüngern, die hinter verschlossenen Türen versammelt waren und gerade den Bericht der Emmausjünger vernommen hatten. Er erschien in ihrer Mitte und sie glaubten ihm nicht, dass er es sei. Jetzt erkannten sie ihn weder an seiner Stimme noch am Zeichen der Erscheinung. Daraufhin sagte er: »Habt ihr etwas zu essen?«[50] Die Emmausjünger hatten ihn am Zeichen des gebrochenen Brotes erkannt und er entschwand ihren Augen, bevor er es aß. Jetzt musste er vor ihren Augen etwas essen, damit sie ihn nicht für einen Geist hielten. Weder Maria von Magdala noch die Emmausjünger haben anscheinend Wundmale an den Händen Jesu gesehen. Dem Apostel Thomas erschien er jedoch so, wie der es zur Bedingung für seinen Glauben gemacht hatte: »Wenn ich nicht an seinen Händen das Mal der Nägel sehe und meine Hand in seine Seite lege, glaube ich nicht.«[51]

Die Erscheinungen gipfelten schließlich am See Genezareth in der dortigen Begegnung mit den Jüngern. Nach dem Wunder des reichen Fischfangs sagte Johannes zu Petrus: »Es ist der Herr.«[52] Petrus sprang in den See und schwamm Jesus entgegen. Dann saßen alle zusammen am Feuer und diese letzte Erscheinung gipfelte in der einfachen Feststellung: »Keiner von den Jüngern wagte ihn zu fragen: Wer bist du? Sie wussten ja, dass es der Herr war.«[53] Von jeder dieser Geschichten gibt es bildliche Darstellungen, doch keine kann für sich beanspruchen, den auferstandenen Christus so zu zeigen, wie er aussah. Das Erkennen war anscheinend abhängig von denjenigen, die ihn erkennen wollten. Das erklärt vielleicht auch, warum er nicht Herodes, Pontius Pilatus oder den Hohepriestern erschienen ist. Wäre das nicht die große Chance gewesen, die Richtigkeit all seiner Behauptungen unter Beweis zu stellen? Welch ein triumphaler Erfolg, wenn er allen Ungläubigen erschienen wäre und damit ein für alle Mal den Beweis geliefert hätte für die Wahrheit seiner Botschaft. Er hat es damals nicht getan und er tut es heute nicht. Daher misstraue ich allen möglichen Versuchen nachträglicher Beweise, sondern bleibe dabei, den unglaublichen Berichten der Augenzeugen mit all ihren Widersprüchlichkeiten Glauben zu schenken. Der Glaube an die Auferstehung Jesu lässt mich auf Auferstehung für die Menschen hoffen. Seine Auferstehung ist die Antwort auf meine Erlösungsbedürftigkeit, meine Sterblichkeit und meine Vergeblichkeit.

Das Wunder ist des
Glaubens liebstes Kind

Das Wunder ist des Glaubens liebstes Kind[54]. Da scheint etwas sichtbar zu werden, das sich nicht mit normalen Maßstäben erklären lässt. Wenn etwas Unglaubliches geschieht, scheint sich ein Spalt in der sichtbaren Welt aufzutun, durch den der Mensch einen Blick in die unsichtbare Welt tun kann. Und doch hat kein Wunder Jesu Aufnahme gefunden in das Glaubensbekenntnis der Kirche. Nicht die Brotvermehrung[55], nicht das Stillen des Sturmes[56], keine Krankenheilung[57] und keine Totenauferweckung[58]. Dass Wunder dennoch eine wichtige Rolle spielen, gilt nicht nur für den christlichen Glauben, denn alle Religionen berichten von wunderbaren und unglaublichen Geschehnissen. Ein Wunder ist ein Phänomen, das sich naturwissenschaftlich (noch) nicht erklären lässt und wer daran glaubt, gilt manchen als leichtgläubig, anderen als besonders gläubig, traut er doch seinem Gott Übernatürliches zu. Das Wunder kann die Aufgabe haben, die Echtheit des Glaubens zu belegen oder sogar zu beweisen. Gibt es dieses Phänomen allerdings in den unterschiedlichsten Religionen, wie beweiskräftig ist es dann noch?

Wunder und der Glaube daran sind etwas sehr Menschliches. Wenn auch zum Leben und Wirken Jesu zunächst seine Wunder einfallen, sind sie doch öfter nachgeschobene Ereignisse. Hinter dem Aufsehenerregenden verblasst manchmal das Eigentliche. Die Begegnungen Jesu gelten immer dem ganzen Menschen und ein Gebrechen ist nur ein Teilaspekt, wenn auch ein auffälliger. Das gilt nicht nur bei Heilungen.

Über das Wunder der Brotvermehrung[59] berichten alle Evangelisten, Johannes jedoch verleiht dem Geschehen mit der letzten Bemerkung einen besonderen Akzent: Die Menschen werden Zeugen, dass mit fünf Broten und zwei Fischen eines kleinen Jungen, die durch die Hände Jesu gegangen sind, mehr als fünftausend Menschen satt geworden sind. Die Zahl der Menschen wurde vielleicht nachträglich höher angegeben und die übrig gebliebenen Brotstücke in zwölf Körben beinhalten eine theologische Deutung. Dennoch könnte man versuchen, dem Wundercharakter des Geschehens eine logische Erklärung zu geben. Die erwachsenen Menschen wollten vielleicht ihre Lebensmittel nicht teilen, bis der kleine und naive Junge seinen Vorrat hergibt. So beschämt hätten dann alle ihre Brote hervorgeholt und geteilt. Auch das könnte man als ein Wunder bezeichnen, würde aber den Satz bei Johannes nicht erklären, schreibt er doch: »Als die Leute das Zeichen sahen, das er getan hatte, sagten sie: Das ist wahrhaftig der Prophet, der in die Welt kommen soll. Da merkte Jesus, dass sie kommen und ihn ergreifen würden, um ihn zum König zu machen.«[60] Das Verhalten der Menschen ist verständlich, die Reaktion Jesu darauf klug. Er gibt der Versuchung nicht nach, sondern entzieht sich der Gemeinschaft der Menschen, denn wer würde nicht der König der Welt sein, wenn er mit seinen Fähigkeiten den Hunger aller stillen könnte. Der Wunsch nach solchen Fähigkeiten spiegelt sich wider im Märchen der Gebrüder Grimm vom »Tischlein deck dich, Goldesel und Knüppel aus dem Sack«. Wenn es doch so etwas gäbe! Mit einem Satz könnte der Hunger gestillt, alle Rechnungen bezahlt und jedes Unrecht vergolten werden. Alles wäre gut, doch die Bedürfnisse der Menschen und ihr eigener Beitrag würden reduziert und deren Umsetzung auch noch delegiert.

Die Absicht Jesu ist nicht, die Menschen physisch satt zu machen. Es ist die Aufgabe der Menschen selbst, für ihr tägliches Brot zu sorgen. Gott will nicht den Bauch des Menschen füllen, er will den ganzen Menschen erfüllen. Das Essen ist gut für eine Mahlzeit, seine Botschaft von der Liebe und Erlösung ist gut für ein Leben! Das Wunder einer Heilung ist gut für einen Menschen, das der Brotvermehrung gut für einige Stunden und viele Menschen; doch das, wofür Jesus eigentlich gekommen ist, gilt für alle und für immer. In den Stunden der Todesangst in Afrika, als die Hyänen das Zelt umkreisten, habe ich mir das Wunder einer Rettung gewünscht, jedoch nicht daran geglaubt. Ich glaube nicht an Wunder, sondern ich glaube an die Zusage Jesu, dass ich im Tode nicht untergehen werde. Wunder mögen des Glaubens liebstes Kind sein. Seine Grundlage sind sie nicht.

Vergeben, nicht vergessen

Menschliche Begegnungen haben Grenzen. Dem aufmerksamsten Zuhören, der einfühlsamsten Berührung und der herzlichsten Zuwendung sind Grenzen gesetzt. Menschen kommen an die Grenzen ihrer Möglichkeiten. Wir fällen Entscheidungen und machen Fehler und selbst wer nichts tut, macht etwas falsch, wenn er zum Beispiel eine gebotene Hilfe unterlässt.

Das Handeln Jesu ist durchdrungen von dem Gedanken und der Absicht einer heilenden Begegnung mit dem Menschen. Ob Ehebrecherin[61], Betrüger[62] oder Sünderin[63], seine Vorliebe gilt diesen Menschen im besonderen Maße. Als sich Pharisäer über seinen Umgang mit Zöllnern und Sündern beklagen, ist seine Antwort: »Nicht die Gesunden brauchen den Arzt, sondern die Kranken. Geht und lernt verstehen, was es heißt: Erbarmen will ich und nicht Opfer. Denn ich bin nicht gekommen, Gerechte zu berufen, sondern Sünder.«[64]

Jesus scheint eine grenzenlose Schwäche gerade für die Schwäche der Menschen zu haben und auf die Frage des Petrus, wie oft man denn verzeihen solle, bekommt der als Antwort zu hören: »Ich sage dir: nicht bis zu siebenmal, sondern bis zu siebenundsiebzigmal.«[65] Damit wird nicht gemeint sein, dass derselbe Fehler ständig verziehen werden muss und der Sünder selbst nichts zur Verbesserung beizutragen braucht, sondern dass der Fehler zum Menschen gehört. Die Begegnung mit Jesus ist das Beste, was einem sündigen Menschen passieren kann.

Angesichts der nicht zu leugnenden Tatsache, dass vieles in der Welt im Großen wie im Kleinen danebengeht, ist es erstaunlich, wie gut wir Menschen darin sind, unseren Anteil daran zu verdrängen. Der Volksmund bringt das ins Wort mit dem Satz »Nirgendwo wird so viel gelogen wie auf Beerdigungen«, den die Römer in seiner positiven Form kannten: »De mortuis nihil nisi bene« – »Von Verstorbenen soll man nur Gutes sagen«. Wenn es beim Begräbnis angebracht erscheint, über den, der sich nicht mehr wehren kann, nur Gutes zu sagen, so gehe ich doch davon aus, dass das bei der Begegnung des Verstorbenen mit Gott nicht so einfach sein wird. Ich glaube das nicht nur, ich hoffe sogar darauf, dass die Begegnung mit Gott nicht ein einfaches »Schwamm drüber« ist, sondern ein Ernstnehmen und Würdigen meines Lebens. Wenn der Himmel und die Erde nicht zwei nebeneinander existierende Teile derselben Welt Gottes sind, dann müssen sie doch etwas miteinander zu tun haben, muss eine Beziehung zwischen beiden bestehen, auch konkret in meinem Leben? Wenn das, was Menschen in diesem Leben erlebt, getan und erlitten haben, irgendeinen Sinn gehabt haben soll, dann muss sich dieser von Gott und seiner Gegenwart her entschlüsseln. Daher gehe ich einmal davon aus, dass Gott mir viele Fragen stellen wird – und er kann sicher sein, dass auch ich ihn fragen werde. Wenn Menschen sich Vorstellungen vom Himmel machen, dann können diese nur nach menschlichen Maßstäben ausfallen. Den Himmel sich als einen Raum vorzustellen und die Ewigkeit als eine nie endende Zeit, verlängert irdische Kategorien ins Himmlische. Der Himmel ist für mich weniger ein Ort als ein Zustand und vielleicht kommen Verliebte diesem Zustand in ihren Gefühlen am nächsten, denn sie verlieren das Gefühl für Raum und Zeit und befinden sich in einem Zustand, der nicht von dieser Welt zu sein scheint. Wenn Jesus vom Himmel spricht, dann greift er auf alltägliche Bilder zurück. »Im

Haus meines Vaters sind viele Wohnungen. Wäre es nicht so, hätte ich euch dann gesagt: Ich gehe, um euch einen Platz zu bereiten? Und wenn ich gegangen bin und euch einen Platz bereitet habe, komme ich wieder und werde euch zu mir nehmen, damit auch ihr seid, wo ich bin.«[66] »Aber das Sitzen zu meiner Rechten oder zu meiner Linken habe nicht ich zu vergeben, sondern es wird denen zuteil, für die es bereitet ist.«[67]

Bei mangelnder irdischer Gerechtigkeit wurde schon mal vertröstet mit ausgleichender himmlischer Gerechtigkeit. Ein Gleichnis Jesu spricht dies an, wenn der reiche Prasser in der Hölle große Qualen erleidet, der arme Lazarus jetzt jedoch in Abrahams Schoß im Himmel ist. »Kind, denk daran, dass du dein Gutes schon in deinem Leben empfangen hast, Lazarus aber nur das Schlechte. Jetzt wird er hier dafür getröstet, du aber wirst gepeinigt.«[68] Die Vorstellung ausgleichender Gerechtigkeit ist für Menschen, die Unrecht erleiden, etwas Tröstliches, überzeugt jedoch meist die auf der anderen Seite nicht. Sie überträgt menschliche Kriterien auf Gott und macht ihn für Friedrich Nietzsche so zu einem Gott für die Zukurzgekommenen. Eine mittelalterliche Erzählung berichtet von zwei Mönchen, die sich Gedanken darüber machten, wie das Paradies sein würde. Sie malten es sich in den erstaunlichsten Farben aus und meinten, es sei entweder »taliter« also »so«, wie sie es sich vorgestellt hatten, oder »aliter«, also »anders« als in ihrer Vorstellung. Die beiden Mönche versprachen sich, dass der, welcher als erster stirbt, dem anderen im Traum erscheinen und berichten sollte. Als nun einer starb, erschien er dem anderen im Traum und sagte zwei Wörter: »Totaliter aliter« – also ganz anders, als es sich die beiden vorgestellt hatten.

Nicht nur im Christentum, auch in anderen Religionen sind oder waren die Vorstellungen des Jenseits von Angst geprägt. In der islamischen Überlieferung wird erzählt, wie eine Sufi-Heilige durch die Straßen ihrer Heimatstadt Basra rannte, in der einen Hand eine Fackel, in der anderen einen Eimer Wasser. Als jemand fragte, was sie da tue, antwortete sie: »Mit dem Eimer Wasser lösche ich die Flammen der Hölle und mit der Fackel brenne ich das Tor zum Paradies nieder, damit die Menschen Gott nicht aus Angst vor der Hölle oder der Sehnsucht nach dem Paradies lieben, sondern weil er Gott ist.« Weder Angst vor Höllenstrafen noch Sehnsucht nach dem Paradies sollen der Grund des Glaubens sein, sondern der beste Grund ist Gott selbst, weil Gott Gott ist. Ein reifer Glaube wird nicht getrieben von der Angst vor Gott, sondern gezogen durch die Liebe von Gott.

Wenn ich jetzt noch die Angst vor dem Sterben habe, habe ich doch keine vor der Begegnung mit Gott. Mit ihm würde ich dann gerne mein Leben betrachten, ihn fragen, was seine Idee von mir war und abgleichen mit dem, was ich daraus gemacht habe. Im Rückblick, so stelle ich mir vor, werden die Momente, in denen Gottes Vorstellungen und meine Bemühungen nahe beieinander waren, die guten Zeiten meines Lebens gewesen sein. Seine Erwartungen werden nie über meine Möglichkeiten hinausgehen. Doch wo ich dahinter zurückgeblieben bin, wird diese Erkenntnis traurig und schmerzhaft sein. Es tut schon in dieser Welt weh zu erkennen, wenn ich nicht der war, der ich hätte sein können. Wie schmerzhaft wird dies erst sein, wenn ich mit Gott zusammen auf mein Leben schaue? Dabei wird mein Leben nicht verglichen werden mit dem anderer Menschen, sondern nur mit sich selbst im Sinne von: Was waren deine Möglichkeiten und was hast du daraus gemacht? Die Diskrepanz zwischen dem Können und dem Vollbringen zu erkennen, wird schmerzhaft, aber auch reinigend sein. Ich will erkennen, aber auch erkannt werden und in einer lichten Gegenwart Gottes in Barmherzigkeit von ihm zu meiner Vollendung geleitet werden. »Jetzt sehen wir in einem Spiegel alles rätselhaft, dann aber von Angesicht zu Angesicht.

Jetzt erkenne ich stückweise, dann aber werde ich ganz erkennen, so wie auch ich ganz erkannt worden bin.«[69]

Ein gerechter Gott ist nach menschlichem Ermessen all denen zu wünschen, die Ungerechtigkeit erlitten haben. Gerechtigkeit will Ausgleich und in diesem Sinne ist auch die biblische Aussage »Auge um Auge, Zahn um Zahn«[70] zu verstehen. Jesus macht daraus etwas anderes:

> »Ihr habt gehört, dass gesagt worden ist: Auge um Auge und Zahn um Zahn. Ich aber sage euch: Widersteht dem, der euch Böses tut, nicht, sondern wer dich auf die rechte Wange schlägt, dem halt auch die andere hin. ... Ihr habt gehört, dass gesagt worden ist: Du sollst deinen Nächsten lieben und deinen Feind hassen. Ich aber sage euch: Liebt euere Feinde und betet für die, die euch verfolgen, damit ihr Söhne eueres Vaters im Himmel werdet. ... Wenn ihr nämlich nur die liebt, die euch lieben, welchen Lohn habt ihr dafür? Machen nicht auch die Zöllner dasselbe? Und wenn ihr nur euere Brüder grüßt, was tut ihr da Besonderes? Tun das nicht auch die Heiden? Seid also vollkommen, wie euer himmlischer Vater vollkommen ist.«[71]

Bei manchem Menschen denke ich, dass der weit vor mir im Himmel zu sitzen kommt, weil er so gut ist oder ein so schweres Leben hatte. Zugleich weiß ich, dass ich auf diese Weise in sehr menschlichen Kategorien denke und Gott auf ein menschliches Maß reduziere. Thomas von Aquin[72] sagt, dass wir von Gott nicht wissen können, wie er ist, sondern vielmehr, wie er nicht ist und Karl Rahner[73] brachte es auf die Formel: »Glauben heißt nichts anderes, als die Unbegreiflichkeit Gottes ein Leben lang auszuhalten.« Weiterhin werden wir Menschen uns Gedanken über Gott machen, um uns am Ende überraschen zu lassen. Vielleicht ist es ja so, wie es der Art Directors Club Deutschland (ADC) ausdrückte, als er seinem

Ehrenmitglied Loriot alias Vicco von Bülow[74] mit einer ganzseitigen Todesanzeige in der *Frankfurter Allgemeinen Zeitung* und der *Süddeutschen Zeitung* Lebewohl sagte. Mit nur vier Worten: »Lieber Gott, viel Spaß!« Mit weniger Worten kann man ein Glaubenszeugnis kaum ausdrücken, sprechen sie doch von Gott, dass er gut ist, wir uns in seiner Gegenwart freuen dürfen – und dass Gott sich ebenfalls freuen kann. All das glaube und hoffe ich!

Liebe will Unendlichkeit

Das öffentliche Auftreten Jesu beginnt in den Evangelien mit seiner Taufe durch Johannes.[75] Bevor er etwas sagt oder irgendetwas von seinem göttlichen Auftrag erfüllt hat, hört Jesus die Stimme Gottes: »Dies ist mein geliebter Sohn, an dem ich Wohlgefallen habe.«[76] Die Liebe Gottes geht also seinem Auftrag voraus. Sie ist nicht Belohnung, sondern Grundlage.

So wie die Liebeszusage Gottes am Beginn des öffentlichen Wirkens Jesu steht, so zieht sich der Begriff der Liebe durch Jesu Leben, Reden und Handeln. Das Liebesgebot findet freilich nicht erst mit Jesus Eingang in die Heilige Schrift. Auf die Frage, welches das erste Gebot von allen und damit das wichtigste sei, antwortet er:

> »Das Erste ist: Höre, Israel, der Herr, unser Gott, ist der einzige Herr, und du sollst den Herrn, deinen Gott, lieben mit deinem ganzen Herzen und mit deiner ganzen Seele und mit deinem ganzen Denken und mit deiner ganzen Kraft. Das Zweite ist dies: Du sollst deinen Nächsten lieben wie dich selbst. Größer als dieses ist kein anderes Gebot.«[77]

Damit bezieht er sich auf das Alte Testament sowohl in der Gottes-[78] wie in der Nächstenliebe[79]. Doch dann geht Jesus weit über das Alte Testament hinaus. Wo dieses Auge für Auge und Zahn für Zahn[80] fordert, macht er daraus: »Ihr habt gehört, dass gesagt worden ist: Auge um Auge und Zahn um

Zahn. Ich aber sage euch: Widersteht dem, der euch Böses tut, nicht, sondern wer dich auf die rechte Wange schlägt, dem halt auch die andere hin.«[81] Beim Evangelisten Lukas wird daraus das berühmte Gebot der Feindesliebe:

> »Euch, die ihr zuhört, sage ich: Liebt eure Feinde, tut Gutes denen, die euch hassen. Segnet die, die euch verfluchen, und betet für die, die euch verleumden. ... Wie ihr wollt, dass euch die Leute tun, ebenso sollt auch ihr ihnen tun. Wenn ihr die liebt, die euch lieben, welchen Dank habt ihr da? Denn auch die Sünder lieben die, von denen sie geliebt werden. ... Vielmehr liebt euere Feinde, tut Gutes und leiht, ohne etwas zurückzuerwarten. Dann wird euer Lohn groß sein und ihr werdet Söhne des Höchsten sein; denn er ist gütig gegen die Undankbaren und Bösen. Seid barmherzig, wie euer Vater barmherzig ist!«[82]

Spätestens jetzt muss es einem klar werden, dass die Gerechtigkeit Gottes so gänzlich anders aussieht als die der Menschen.

Ist das Gebot der Feindesliebe das Unüberbietbare an Liebe, so verbirgt sich in dem Gebot, den Nächsten zu lieben wie sich selbst, mehr als es zunächst den Anschein haben mag. Gerne wird dieses Gebot als Begründung herangezogen, wenn Menschen sich selbst etwas Gutes tun wollen. Damit kann aber nicht gemeint sein, sich selbst hin und wieder etwas Gutes zu tun. Liebe ist etwas anderes als nett oder fürsorglich zu sein. Wenn zwei Menschen sich verlieben, dann erleben sie einen Zustand des Überwältigtseins. Verliebtheit führt zur Einengung des Bewusstseins und zu Fehleinschätzungen des Objektes der Zuneigung. Den fehlerlosen Menschen, den die anderen übersehen haben, ich habe ihn gefunden! Doch nach einer Weile wird einem klar, nicht die anderen waren blind, sondern man selbst. Der geliebte Mensch ist eben doch nicht der fehlerlose, als den man ihn gesehen hat. Romeo und Julia sind auch deswegen das ideale Liebespaar, weil sie gestorben sind, bevor ihnen die Augen aufgingen. Der Weg in eine bürgerliche Ehe blieb ihnen erspart, die Verwandlung von der Verliebtheit in die Liebe allerdings auch verschlossen. Verliebtheit ist ein Zustand, Liebe eine Haltung, die immer wieder eingenommen werden muss, damit sie bleibt; Verliebtsein überwältigt und macht passiv, Liebe hingegen ist etwas ausgesprochen Aktives. Und trotz allem ist die Zeit, in der man (glücklich) verliebt ist, eine der schönsten des ganzen Lebens! Im Übergang vom einen zum anderen erkennt der Mensch, dass das Objekt der Zuneigung nicht der ist, für den man ihn gehalten hat. Auch dieser Mensch hat seine Grenzen, Mängel und Macken. Diese zu sehen und anzunehmen, kann den Zustand des Verliebtseins in den der Liebe verwandeln. Sich selbst lieben zu können, heißt also nicht, sich etwas Gutes zu gönnen, sondern seine eigenen Grenzen, Mängel und Macken zu erkennen. Über dem Apollotempel in Delphi stand der Satz »γνῶθι σεαυτόν – erkenne dich selbst«. Nächstenliebe fällt dem leichter, der sich selbst erkannt hat. Sich erkennen heißt also, Stärken und Schwächen, Liebenswürdiges und Erbarmungswürdiges bei sich wahrzunehmen. Das Lieben und das Sündenvergeben in der Botschaft Jesu bedingen sich gegenseitig. Versprechen und Verzeihen sind die vielleicht wichtigsten personalen Handlungen, zu denen wir Menschen fähig sind.

Einen Menschen zu lieben, setzt also eine Haltung voraus. In einer Phase des Verliebtseins kam ein Patensohn zu mir mit der Frage, ob er seinen Gefühlen vertrauen könne. Ich fragte ihn, was er gefühlt habe, als er die Worte »Ich liebe dich« hörte. Neben dem Gefühl der Überwältigung habe er gleichzeitig gedacht, dass dieses Mädchen ihn nicht richtig kenne, sonst könnte sie das doch nicht sagen. Wenn sie wirklich wüsste, wie er wäre, dann könnte sie die Worte »Ich liebe dich« nicht zu ihm sagen. Ein solches Empfinden ist eine gute Ausgangslage für eine Beziehung, denn sie drückt das aus, was Liebe ist: etwas Unverdientes! Auch darin berühren sich Lieben und Verzeihen, denn beides wird unverdient geschenkt.

Wer sich lieben lässt, der macht sich auch in einem hohen Maße verletzlich. Der dänische Dichter Viggo Stuckenberg erfuhr das Glück der Liebe und ihren Zusammenbruch am eigenen Leibe. Seine Frau verließ ihn und die Kinder nach sechzehn Jahren Ehe, um mit einem Gärtner nach Neuseeland auszuwandern. Nach einem Jahr kam sie enttäuscht zurück. Viggo hatte sich inzwischen mit der Frau des Gärtners verlobt, worauf seine Frau den Freitod wählte. Er selbst starb im Jahr darauf an Nierenversagen. Seine Erfahrung verdichtete er in seinen bekanntesten Versen:

> Denn zwei, die sich lieben,
> die können verwunden sich mehr,
> Als all die ärgsten Feinde,
> auf der Erde ringsumher.
> Und können hinwieder heilen jede Wunde,
> so schwer sie war,
> Durch einen Blick in die Augen,
> ein Streicheln über das Haar.

Die lyrisch gefühlvollen Verse des romantischen Dichters Viggo bringen die enge Verbundenheit von verletzlicher Liebe und notwendigem Verzeihen ins Wort. Der Mensch kann in beiden Fällen auch etwas dafür tun, denn wer um Entschuldigung bittet, wird sie eher erfahren und wer freundlich auftritt, der kann die Herzen eher für sich gewinnen. Das Liebesgebot Jesu setzt jedoch weder das eine noch das andere voraus, sondern geht über beides hinaus, wenn er auffordert, auch die zu lieben, die uns nicht lieben, bis hin zur Feindesliebe. Dieser Anspruch erscheint unerfüllbar hoch. Wer allerdings meint, deswegen daran Abstriche machen zu können, der fängt an, an der Bedingungslosigkeit von Liebe Abstriche zu machen. Wer das Gebot der Feindesliebe nicht erfüllt, kann dennoch erfüllt sein von der Sehnsucht danach. Der dieses Gebot aufstellte, hat dies nicht nur theoretisch getan, sondern Jesus hat als das fleischgewordene Wort Gottes[83] dieses Gebot auch in seinem Leben umgesetzt. Es gibt Zeichen der Liebe, jedoch keine Beweise, was sie mit dem Glauben gemeinsam hat – mit einer Ausnahme: wer sein Leben für einen anderen hingibt! Dieser eine Begriff ist Dreh- und Angelpunkt im Leben Jesu, darin zeigt sich das Wesen Gottes, wobei Liebe kein Attribut Gottes ist, sondern sein Sein, er ist die Liebe:

»Geliebte, wir wollen einander lieben; denn die Liebe ist aus Gott und jeder, der liebt, stammt von Gott und erkennt Gott. Wer nicht liebt, hat Gott nicht erkannt; denn Gott ist die Liebe. Darin ist die Liebe Gottes unter uns erschienen, dass Gott seinen einzigen Sohn in die Welt gesandt hat, damit wir durch ihn leben. Nicht darin besteht die Liebe, dass wir Gott geliebt haben, sondern dass er uns geliebt und seinen Sohn als Sühne für unsere Sünden gesandt hat. Geliebte, wenn Gott uns so geliebt hat, müssen auch wir einander lieben. Niemand hat Gott jemals gesehen; wenn wir einander lieben, bleibt Gott in uns und seine Liebe ist in uns vollendet.«[84]

Liebe will Unendlichkeit. Wenn Gott die Liebe ist, dann erfüllt sich in ihm die Sehnsucht, dass sie, diese Liebe, nie enden möge. Etwas, das nur Gott geben kann.

»Gott kann dem Glück derer, die lieben, nur noch eines hinzufügen: Ewigkeit. Nach einem Leben der Liebe eine Ewigkeit der Liebe, das bedeutet in der Tat noch eine Steigerung. Aber es ist unmöglich, das Glück selbst zu steigern, das die Liebe uns auf dieser Welt vermittelt – selbst Gott kann das nicht. Er ist die Fülle des Himmels, aber die Liebe ist die Fülle des Menschlichen.«[85]

Das Paradoxe, das darin anklingt, durchzieht die Botschaft Jesu: »Denn wer sein Leben retten will, wird es verlieren. Wer aber sein Leben verliert um meinetwillen, der wird es finden.«[86] Eine solche Aussage kann in frommen Reden schnell idealisiert und überhöht werden. Dabei ist sie so widersprüchlich und merkwürdig, dass es sich lohnt, lange drüber nachdenken. Solch einen Satz durchdringt man nur mit seinem Leben. Er ist ein Beispiel dafür, dass nicht jede Aussage des Evangeliums für jedes Lebensalter die gleiche Gültigkeit hat. Sollte man jungen Menschen nicht sagen, dass sie ihr Leben im besten Sinne »gewinnen« sollten? Sie müssen erst einmal herausfinden, wer sie sind, was sie können und was sie wollen? Viele Erkenntnisse gilt es sich im Verlauf des Lebens anzueignen. Was wäre das für ein »Loslassen« oder »Verlieren«, wenn noch nichts gewonnen ist? Diese Aussage Jesu ist eine, die eher der zweiten Lebenshälfte gilt. Dann ist sie jedoch auch von größerer Herausforderung, denn dann gibt es mehr im Leben, das Schritt für Schritt wieder losgelassen werden muss, um das wahre Leben zu gewinnen.

Verlieren, um zu gewinnen, das ist paradox und das Paradoxe ist manchmal näher an der Wahrheit als das Eindeutige. Im Zen-Buddhismus mit seinen Kōans, diesen kurzen Anekdoten oder Sentenzen, die der Meister dem Schüler als Frage stellt, klingt dieses Paradox häufig an. Der Kōan ist nicht durch rationales Denken zu durchdringen oder zu beantworten, sondern nur durch ein Eintauchen in das Gesagte. Der vielleicht bekannteste Kōan lautet: »Wie klingt es, wenn nur eine Hand klatscht?« Anfangs versucht der Schüler seinen Kōan logisch zu durchdringen. Das ist nicht falsch, denn er muss den Gedanken erst einmal umschreiten und versuchen zu begreifen. Dann aber muss er sich hineinversenken, in die Tiefe des Kōans hinabsteigen, ihn empfinden und »wiederkäuen«. Er muss ihn mitnehmen auf den Weg seines Lebens. Der Schüler muss lernen, den Kōan für wahr zu halten, muss glauben, dass sich darin eine Wahrheit für sein Leben finden lässt. Das gilt auch für den christlichen Glauben: Manche seiner Wahrheiten lassen sich nicht im Voraus erkennen, sondern der Mensch muss sich auf sie einlassen. Das ist ein Risiko, denn man wird erst auf dem Weg erkennen, ob es richtig war. So ist es auch bei der Liebe: Du weißt nicht, ob das Wort des anderen wahr ist, das er dir gesagt hat. Du erkennst es erst auf dem Weg und weißt es erst am Ende mit Gewissheit – und vielleicht nicht einmal dann.

Liebe und Glaube fordern den ganzen Menschen heraus. Für beides muss man ein Risiko eingehen, denn beide gelingen nur, wenn der Mensch sich darauf einlässt, nicht wissend, ob das Wort des anderen stimmt. In vielen Geschichten Jesu klingt auch so etwas wie ein Kōan, eine paradoxe Weisheit an: »Wer sich bindet, der wird frei.« Das ist widersprüchlich und eine mit dem Kopf nicht zu lösende Aufgabe. Das ist nicht zu verstehen, sondern nur zu erfahren und für diese Erfahrung brauche ich den Weg des Lebens. Die Jugend muss erst einige Lösungen ausprobiert haben, bis sie lernt, dass es nicht für jedes Problem einen vernünftige Lösung gibt. Für einige gibt es nur eine Erlösung.

Liebe ist der kürzeste Kōan. Es bedarf des ganzen Lebens, um ihm nachzuspüren und lösen wird er sich erst im Tod. »Jetzt bleiben Glaube, Hoffnung, Liebe, diese drei; doch am größten unter ihnen ist die Liebe.«[87] Mit dem Tod endet das Glauben, denn es gibt einen Gott oder nicht – und wenn es ihn gibt, dann wandelt sich der Glaube in Wissen. Mit dem Tod stirbt auch die Hoffnung auf Auferstehung, denn es wird sie geben oder nicht. Was bleibt, ist die Liebe: Denn sie ist Gott selbst.

Das Leben Jesu
ist keine Kopiervorlage

Das Vorbild Jesu gilt den Christen als Richtschnur für ihr Leben. Es ist der Maßstab, an dem der Christ sich misst und gemessen wird. Zu allen Zeiten gab es Frauen und Männer, die versucht haben, diesem Vorbild zu folgen. Dabei kann kein Mensch sich vergleichen mit Gottes Sohn, wohl aber versuchen, in seinem Reden und Handeln ebenfalls transparent auf Gott hin zu werden, ihn und seine Botschaft durchscheinen zu lassen im eigenen Leben. Ich will jetzt keine Reihe von Heiligen aufzählen, denen das auf ihre Weise gelungen ist, sondern eine Kunstfigur aus dem Film *Gran Torino* als Beispiel nehmen. In diesem Film ist auf ganz versteckte Weise das Geheimnis der drei österlichen Tage verborgen und es wird gezeigt, wie das Vorbild Jesu im Leben der Menschen sich auf überraschende Weise zeigen kann. Weil alles, was in dieser Geschichte erzählt wird, so wenig fromm ist, ist sie vielleicht alltagstauglicher und lebensdienlicher als manche Heiligenlegende.

»Sie sind ein 27-jähriger Grünschnabel, der in seinem Priesterseminar alles gelernt hat und jetzt alte Frauen tröstet, aber Sie haben keine Ahnung vom Scheiß-Leben!« Harte Worte, von Walt Kowalski, einem alten US-Soldaten, der im Korea-Krieg viele Menschen getötet hat. Mit der Beerdigung von Walt Kowalskis Frau beginnt der Film. Der Titel *Gran Torino* bezieht sich auf einen traumhaften alten Ford, an dem Walt Kowalski selbst mitgebaut hat. Der junge katholische Pfarrer sprach bei der Beerdigung von der bittern Süße des Todes. Es war eine miserable Predigt.

Walt Kowalski sieht man danach im Film vor allem Bier trinkend auf der Veranda und missmutig den Wandel in seinem Viertel beobachtend. Immer mehr Einwanderer der asiatischen Hmong-Volksgruppe geben den Ton an. Als Thao, ein Hmong-Junge aus dem Nachbarhaus, seinen ungenutzt in der Garage stehenden Sportwagen zu stehlen versucht, ist Walt mit einer Schrotflinte zur Stelle. Als eine Gang die Nachbarn bedrängt, geht es ihm weniger um Hilfe als darum, die Menschen von seinem Grundstück zu vertreiben. Walt Kowalski ist ein Gefangener seiner Geschichte. Dennoch hilft dies den Nachbarn und zum Dank stellen die asiatischen Familien ihm Unmengen von Essen auf die Treppe des Hauses. Die Möglichkeit der Erlösung entsteht in dem Moment, als Walt sich praktisch gegen seinen Willen mit den neuen Nachbarn anfreundet und er eine Essenseinladung mit dem Satz annimmt: »Warum nicht auch mal mit Fremden essen!« Das ist das Geheimnis des Gründonnerstages: Aus dem gemeinsamen Mahl erwächst eine Beziehung und eine Verantwortung. »So wie Sie leben, hat Ihr Essen keinen Geschmack«, sagt ihm der asiatische Schamane und Walt erkennt: »Ich habe mit diesen Schlitzaugen mehr gemeinsam als mit meiner verdammten Familie«.

Nachdem sich der Korea-Kriegsveteran widerwillig auf einen freundlichen Umgang mit Thao und seiner Schwester eingelassen hat, betrachtet er es als seine Aufgabe, die Bedrohung durch die halbstarken Gangster von ihnen fernzuhalten. Doch dann wird Thao überfallen und seine Schwester von der Gang vergewaltigt. Wie wird Walt Kowalski auf diese Brutalität an seinen Freunden reagieren? Wird er, wie Thao es erhofft, zusammen mit ihm zum Gegenschlag ausholen und Rache üben? Die Vorbereitungen bleiben zunächst unklar: Er geht zum Friseur, zum Schneider und zum Arzt, er hustet seit einiger Zeit Blut. Dann, als es zum Showdown kommt, geht er allein zum

Haus der Gang. Dort provoziert er diese lautstark, sodass alle Nachbarn Zeugen der Auseinandersetzung werden. Walt greift in seine Jacke und jeder muss denken, er ziehe seine Waffe. Die Gang eröffnet sofort das Feuer. Doch in seiner Jacke steckte nur sein Feuerzeug, das Missverständnis hatte Walt gewollt, er wusste, was kommen würde. Tödlich getroffen fällt er mit weit ausgebreiteten Armen rückwärts auf den Rasen und das Blut sickert in seine geöffneten Handflächen – Kreuzesnachfolge in der künstlerischen Sprache des Filmes. Walt Kowalski gibt sein Leben hin für seine Freunde, die nicht seine Familie sind. Ohne eigene Gewaltanwendung löst er den Konflikt, denn die Gang wird verhaftet und so wird nicht nur die Bedrohung von den Freunden abgewendet, sondern diese werden auch befreit vom Zwang, Rache üben zu müssen. Das ist das Geheimnis des Karfreitages: Nicht die Gewalt kommt zu einem Ende, sondern die Spirale der Rache wird beendet, in der verletzte Menschen immer wieder Menschen verletzten.

Thao, der den Sportwagen *Gran Torino* zunächst stehlen wollte, um so ein Mitglied der Gang zu werden, bekommt diesen Wagen von Walt Kowalski testamentarisch vermacht und fährt damit in seine Zukunft. Das ist das Geheimnis von Ostern: Die Hingabe von Walt Kowalski ermöglicht Thao eine Zukunft.

Womit der Film begonnen hat, damit endet er auch, mit einer Beerdigung. Wieder ist es der junge Pfarrer, der eine Predigt hält. Einige Male hat er Kowalski besucht und mit ihm gesprochen. Er hatte vom Glauben gesprochen – Walt vom Leben. Er sprach in gelernten Floskeln – Walt in der harten Sprache desjenigen, den das Leben geprägt hat. Diesmal endet die Predigt mit den Worten: »Mann, habe ich dazugelernt!«

Die Geheimnisse der drei österlichen Tage in einem Film von Clint Eastwood. In der Verquickung der beiden Lebensstränge von Walt Kowalski und dem Pfarrer wird sichtbar, wie der Glaube mit dem Leben verbunden ist, wenn beide bewusst gelebt werden und voneinander lernen: der Glaube vom Leben und das Leben vom Glauben. Klar, Walt Kowalski ist nicht Jesus. Jesus hatte keine Waffen, er schlägt auch nicht mit Fäusten und Worten um sich. Walt Kowalski hat sich auch nicht ausgedacht, jetzt wie Jesus zu leben und ist sich nicht dessen bewusst, dass die Geheimnisse der österlichen Tage sich in seinem Leben widerspiegeln. Das Gute – und das macht die Qualität des Filmes aus – ist: Der Glaube findet nicht in der Theorie statt, sondern im Leben.

Niemand außer Jesus feiert ein Mahl mit seinen Jüngern und schließt einen neuen und ewigen Bund zwischen Gott und den Menschen. Aber wer eine wirkliche Mahlgemeinschaft mit Menschen hält, der kann etwas erfahren vom Geheimnis des Bundes, den Jesus mit uns geschlossen hat: Es geht um Gemeinschaft, Beziehung, Hingabe. »In Demut achte jeder den anderen höher als sich selbst. Jeder sei nicht nur auf das Eigene bedacht, sondern auch auf das der anderen.«[88]

Niemand außer Jesus gibt sein Leben hin und bricht so die Macht des Todes. Aber jeder, der sein Leben für andere hingibt, durchbricht den Kreislauf von Rache und Gewalt. Wer dies erlebt, kann etwas erfahren vom Geheimnis der Hingabe und was es heißt: »Wer sein Leben verliert, wird es gewinnen.«[89]

Niemand außer Jesus kann den Menschen das ewige Leben eröffnen. Aber es liegt auch in unseren Händen, dem anderen eine Zukunft zu ermöglichen.

Das Leben Jesu ist keine Kopiervorlage. Es gilt, sein Tun in mein Leben zu übertragen und so das Geheimnis der drei österlichen Tage im Geheimnis meines Lebens zu erfahren: Gemeinschaft und Hingabe sind der Schlüssel für die Zukunft, der in meiner Hand liegt.

Es ist wahrscheinlich, dass die meisten Kinobesucher die Parallelität des Lebens Jesu und des Lebens von Walt Kowalski nicht gesehen haben. Gerade das ist es, was ich an diesem Film so schätze. Das Leben Jesu ist so wenig wie irgendein anderes Leben eine Kopiervorlage. Gott wird weder Walt Kowalski noch irgendeinen Menschen fragen, warum er nicht wie Jesus oder wie Franz von Assisi oder Mutter Teresa gewesen ist. In Wort und Tat liegen zwischen Walt und Jesus Welten, doch im Wesentlichen sind sie sich verwandt.

Dritter Teil –
Wie ich glaube

Sozial ist gut.
Aber ist da noch mehr?

Die Frage, warum ein Mensch glaubt, kann er beantworten mit dem, was er glaubt. Das Wie des Glaubens wurde noch vor wenigen Jahrzehnten verwirklicht durch den Glauben in einer verfassten Kirche oder Gemeinschaft. Diese Form des Glaubens schwindet zusehends in unseren Breiten. Dabei sind die Kirchen auch Teil einer gesellschaftlichen und kulturellen Tendenz, klagen doch viele Großgruppen, Parteien, Verbände und Vereine über Mitgliederschwund. Darüber hinaus gibt es jedoch auch hausgemachte Ursachen, die es immer mehr Menschen immer schwerer machen, in kirchlichen Strukturen und Zusammenhängen ihren Glauben zu praktizieren. Wenn ich im Folgenden darüber schreibe, warum und wie ich meinen Glauben in der Kirche praktiziere, dann bin ich mir bewusst, dass alles Gesagte unter dem Vorbehalt steht, nicht nur Mitglied einer Kirche zu sein, sondern auch bezahlter Funktionsträger. Menschen, die für ein Produkt auf- und eintreten, sollten davon überzeugt sein und sich auch damit identifizieren. Gleichzeitig besteht die Gefahr, dass das Infragestellen des Produktes immer weniger geschieht, je länger man selbst im Betrieb tätig ist. Eine daraus resultierende Betriebsblindheit macht eine Fremd- und Außenwahrnehmung immer schwerer und kann die Distanz zu den Menschen vergrößern, bis dahin, dass der Gesprächsfaden abreißt. Deshalb ist auch bei der Kirche eine innerbetriebliche Kritik notwendig, bezeichnet sie sich doch selbst als *semper reformanda*, als stets reformbedürftig und tut sich damit dennoch genauso schwer wie alle anderen Institutionen auch. Kritikwürdiges ist hinlänglich bekannt, oft wiederholt und muss deswegen an dieser Stelle nicht noch einmal gesagt werden. Vielmehr geht es um eine Darstellung der Argumente für meinen Glauben in dieser Kirche. Dass dabei Kritik anklingen wird, liegt in der Natur der Sache. Im Zentrum geht es aber weiter um das, was im Reden über Kirche und ihre Struktur sowie die Suche nach einem gangbaren Weg in einer sich stark verändernden Zeit etwas aus dem Blick zu geraten droht: Gott – und den Glauben an ihn.

Die christlichen Kirchen haben in einer Zeit schwindenden Glaubens lange noch durch ihre karitativ-diakonische Sendung als Institutionen überzeugen können, was die geringer werdende Bedeutung als Glaubensgemeinschaften lange zu überdecken vermochte. Das für ihr Selbstverständnis wesentliche Element der Zuwendung zu den Menschen war stets rückgebunden an die Botschaft Jesu als Sohn Gottes und Erlöser. Diese Rückbindung wird jedoch umgekehrt von der »Welt« nicht zwangsläufig auch so wahrgenommen. Das soziale Engagement der Kirchen steht längst im Wettstreit mit anderen Wohlfahrtsverbänden. Der säkulare Staat und seine Bürger nehmen die Angebote der Kirchen gerne in Anspruch, sei es in Form von Kindergärten, Schulen, Krankenhäusern, Bildungs- und Sozialeinrichtungen, doch sie sind nicht das Alleinstellungsmerkmal der Christen. Was uns zu diesem Engagement antreibt, müssen diejenigen, die es in Anspruch nehmen, egal ob Staat oder Nichtchristen, nicht teilen. Das karitativ-diakonische Engagement der Kirchen ist dem praktischen Leben der Menschen dienlicher als die geistlichen Überlegungen, aus denen heraus sie geschehen. Kirche begründet sich also nach außen leichter durch ihr gesellschaftliches Engagement als durch ihren Glauben, der Antworten auf Fragen hat, die Menschen anders beantworten oder gar nicht erst stellen. Wenn aber das Christ-Sein nicht nur Tradition ist, wenn es sich nicht nur darin erschöpft, Gutes zu tun, dann erfordert es die Erkenntnis Jesu Christi als Erlöser und setzt die Suche und Frage danach voraus. Wer diese Frage nicht kennt, dem wird die Botschaft dieses Jesus letztlich in ihrer Tiefe auch verschlossen bleiben, so wie es Hildegard von Bingen beschrieb mit den Worten: »Wo im Menschen die Frage nicht ist, da ist auch nicht die Antwort des Heiligen Geistes.«

Mag also Kirche nach außen durch das Engagement begründet sein, nach innen begründet sich der christliche Glaube nicht allein mit dem, was die Kirchen für die Gesellschaft tun, selbst wenn sich für viele Menschen die Berechtigung der Kirchen darin erschöpft. Mag die karitativ-diakonische Komponente von Kirche die gesellschaftlich sichtbarste und nützlichste sein, ist sie aus Sicht der Christen ein Ausdruck ihres Glaubens, der diesen Einsatz aber wesentlich überschreitet. Jedes soziale Engagement von Kirche wird getragen und umfangen vom Glauben ihrer Mitglieder an Jesus Christus als ihren Messias, der ihnen die Vergebung der Sünden, die Auferstehung der Toten und ein ewiges Leben verheißt. Die Jenseitserwartung ist das Unterscheidende zu Wohlfahrtsverbänden. Was die Christen motiviert und was sie aus ihrer Sicht von anderen unterscheidet – oder unterscheiden sollte –, ist der Glaube daran, dass Jesus der Christus, der Erlöser ist. Und wie er sich allen Menschen zugewandt hat, so gilt auch das christliche Engagement grundsätzlich jedem Menschen, wird er doch als Kind Gottes gesehen und nicht als Objekt, mit dem Ziel, ihn zu missionieren. Der irdische Jesus ist überzeugend in seinem Eintreten für die Menschen und das Leben. Bleibt es dabei, ist er ein vorbildlicher Vertreter für ein gutes, werteorientiertes, zwischenmenschliches Miteinander. Doch dann wäre das Christentum nicht mehr als eine Variante der Allerweltsmoral, wie Menschen gut leben können. Das Engagement bliebe gut, wäre aber seines ursprünglichen Antriebs beraubt, den Menschen zu lieben, weil er ein Kind Gottes ist. Für den Christen hat die Liebe eben auch eine gesellschaftliche und politische Relevanz.

Die Fragen, die ich in den ersten Teilen angeschnitten habe, sind für mich wesentlich, um Christ und nicht nur ein guter Mensch zu sein. Nicht, dass ein Christ automatisch ein guter Mensch wäre, doch um Christ im Sinne eines Glaubenden zu sein, halte ich diese Fragen für essenziell, um zu klären, was und warum ich glaube und warum ich nicht nur einem Wohlfahrtsverband angehöre. Das Wie des Glaubens hängt damit eng zusammen und drückt zugleich aus, dass Kirche, so wie sie als Glaubensgemeinschaft ihr soziales Engagement umfasst, auch meinen Glauben umfasst und immer größer sein wird als dieser.

Die verschiedenen christlichen Glaubensgemeinschaften sind in den zweitausend Jahren Geschichte der Christenheit die Garanten gewesen für die Weitergabe des Glaubens. Christliches Leben hat in ihnen in unterschiedlichen Epochen unterschiedliche Formen angenommen. Wie deckungsgleich der Glaube der Kirche mit dem Glauben der einzelnen Mitglieder ist, das kann nur jeder selbst entscheiden, wobei das Glaubensbekenntnis zum Fundament zu rechnen ist. Durch die Jahrhunderte hat sich über diesem Fundament ein Gebäude aufgetürmt, das in manchen Ausformungen nur noch mit dem Leben weniger Menschen in Einklang zu bringen ist.

Als ich von einem katholischen Verband zu einem Vortrag eingeladen war, wurden im anschließenden Gespräch die unterschiedlichsten Meinungen und Vorstellungen geäußert: Kein Dogma halte einer logischen Überprüfung stand – die Kommunion könne man jedem Menschen geben, der sie haben wolle, denn es sei doch auch nur ein Stück Brot – jemand ließ sich zum Medium für Jenseitskontakte ausbilden, denn das sei konkreter als der Glaube der Kirche – jeder Mensch sei ein Suchender und jeder, der nicht bei der Kirche suche, sei ein Beispiel für ihr Versagen. Jede Aussage löste Widerspruch aus, jeder hielt sich für katholisch und alle zusammen hatten vorher die Messe gefeiert und gemeinschaftlich kommuniziert. Die Begegnung in Messe, Predigt und Gespräch mit einer katholischen Gebetsgruppe wenige Tage vorher zeigte zwar eine andächtige Haltung, doch hielten nicht wenige der geäußerten sehr frommen Vorstellungen über den Glauben nicht einmal im Ansatz der Lehre der Kirche stand.

Viele Verästelungen am großen Baum der Glaubenslehre haben allerdings auch keine Bedeutung für das Leben der Christen. Wenn ich jedoch beim Trauergespräch darum gebeten werde, nicht von der Auferstehung zu sprechen, dann verfehlt dies den Kern der Glaubens. Der Zweifel gehört zum Glauben, der Widerspruch nicht. Was bleibt, wenn die Verwandlung nicht gesucht, auf die Vergebung nicht gehofft, an die Auferstehung nicht geglaubt wird?

Bei aller kritischen Distanz zur Institution Kirche und bei Problemen mit ihren Lehrinhalten wird Kirche dennoch in ihren Gebäuden und Riten oft als hilfreich erfahren. Wenn es um die Schließung einer Kirche geht, engagieren sich oft auch die ausgetretenen Christen für den Erhalt. In einer zweckmäßig organisierten Welt sind die zweckfreien Kirchengebäude für ihre Mitglieder Sakralräume, in denen das Heilige gefeiert wird. Aber es setzen sich auch die Nichtmitglieder ein, denn auch für sie sind es Räume, in denen sie dem Sakralen, dem Anderen, dem Unfassbaren begegnen – oder wo sie einfach zur Ruhe kommen können.

Selbst wenn Menschen sich von der Institution Kirche durch einen Austritt getrennt haben, kommen nicht wenige und bitten um die Taufe für ihr Kind. Wenn auch eine theologische Begründung für diesen Wunsch selten klar formuliert wird, erschöpft er sich doch meistens nicht nur im schönen Schein der Feier. Alles, was in dieser Feier über das Kind gesagt wird, möchten Eltern gerne über ihr Kind gesagt wissen und die Institution wird trotz des eigenen Weges der Trennung von ihr als diejenige gesehen, die den Glauben als Ganzes weitergibt. Das alles darf trotzdem nicht darüber hinwegtäuschen, dass, wenn auch an den Rändern der Kirche die Kontakte noch vorhanden sind, sich ihre Mitte jedoch inzwischen bedrohlich entvölkert. Wir brauchen auch Menschen, die den Glauben in ihr leben, damit sie ein lebendiger Organismus bleibt.

Wenn Kirche heutzutage noch ins Gespräch kommt, dann meist dadurch, dass sie ins Gerede kommt und wenn sie redet, dann oft so, dass immer weniger Menschen sie verstehen.

»Als die Jünger 2000 Jahre lang Gottes gute Taten verkündigt hatten, da wurden sie müde. Ein kalter Schauer überlief sie, und sie begannen zu frösteln. Alle wurden von Angst und Resignation erfüllt und fragten sich: ›Hat das eigentlich noch einen Sinn? Die Menschen interessieren sich doch nicht mehr für Gott. Nur wenige wollen sich engagieren. Fernsehen schauen, Auto kaufen, Geld verdienen – das ist wichtig. Für Gott bleibt kein Platz. In all den 2000 Jahren hat sich die Welt nicht verändert. Völker bekriegen sich nach wie vor, Frauen werden unterdrückt, Kinder verhungern. Die Welt straft das Evangelium Lügen. Wir machen uns nur lächerlich!‹ Und sie begannen, in fremden Sprachen zu reden, wie es die Angst ihnen eingab. Sie benutzten Fremdwörter und Begriffe, die nur Insider kannten. Sie sprachen abstrakt und Wischiwaschi. Niemand verstand sie. Da staunten ihre Arbeitskollegen, Verwandten und Freunde und sagten: ›Sind das nicht Menschen, die mit uns aufgewachsen sind? Wieso kann sie niemand mehr verstehen? Warum sprechen sie nicht mehr die Sprache der einfachen Leute?‹ Alle waren ratlos. Die einen sagten: ›Was hat das zu bedeuten?‹ Andere spotteten: ›Wir haben es ja schon immer gewusst: Kreuzzüge, Hexenverbrennungen, Pille, Papst, Kirchensteuer, zu mehr sind die nicht fähig!‹ Da zogen sich die Jünger zurück und schlossen sich in ihrer Kirche ein. Sie verriegelten die Türe und ihre Angst und Enttäuschung wuchs.«[90]

Man kann den Eindruck gewinnen, dass in einer Zeit, in der in der Kirche noch Latein gesprochen wurde, die Verständnisschwierigkeiten geringer waren als heute. Immer weniger Menschen verstehen das, was gesagt wird und leider auch immer weniger das, was gefeiert wird. In der Folge erfährt die Kirche seit Jahrzehnten einen ununterbrochenen Relevanzverlust. Trotz intensiver Bemühungen vieler engagierter Frauen und Männer vor Ort, dem entgegenzuwirken, werden auch sie vermehrt Zeugen einer Pastoral der Vergeblichkeit. Kirchenbezogene Religiosität wird von immer mehr Menschen nicht mehr als lebensdienlich erfahren. Kirche wird zum Hort von Traditionen, die schöne Accessoires zu feierlichen Anlässen anbieten, die aber als Lebensorientierung immer öfter ihre Bedeutung verloren haben. In der Folge kann man sich nicht ganz des Eindrucks erwehren, dass die Kirchen zu »Unternehmen zur Selbstverwaltung der Melancholie über die Unmöglichkeit von Kirche« werden, wie es der Philosoph Peter Sloterdijk[91] formulierte.

Die öffentlich geführte und aufmerksam verfolgte Diskussion über die Zulassung von evangelischen Ehepartnern zur Kommunion in der katholischen Kirche im Jahre 2018 war beispielhaft für den Spagat innerhalb der Kirche und der Distanz zum Rest der Welt. Die Äußerung des Kabarettisten Eckart von Hirschhausen[92], evangelisch und verheiratet mit einer katholischen Frau, er wolle auch eine Oblate, wenn er mit seiner Frau zur Kirche gehe, führte zu heftigen Reaktionen zustimmender und ablehnender Art. An diesem Beispiel lässt sich das Dilemma verdeutlichen, in dem sich meiner Meinung nach die Kirche(n) in unserer Zeit befinden. Auf der einen Seite tradiert sich eine Theologie, die als Wissenschaft der Klarheit und Redlichkeit verpflichtet ist. Die wissenschaftliche Lehre und Rückbindung bringt auf der einen Seite diese Klarheit, macht den Inhalt des Glaubens gleichzeitig aber auch für viele Menschen unverständlich und kompliziert. Theologie ist als Wissenschaft einer Eindeutigkeit verpflichtet, die Religion so kaum für sich in Anspruch nehmen kann. Gläubige Menschen sind jedoch eher religiös als theologisch und Menschen geben Religion weiter, nicht Theologie. Beides sind wesentliche Bestandteile von Kirche, doch nicht immer deckungsgleich. Religion ist nicht identisch mit dem Fürwahrhalten kirchlicher Lehren und erschöpft sich nicht im Befolgen von Geboten und moralischen Vorschriften. In einer aufgeklärten Welt bedarf die Kirche jedoch einer Theologie, um als Gesprächspartnerin ernst genommen zu werden. Gleichzeitig muss das errichtete theologische Gebäude auch noch bewohnbar bleiben für den religiösen Menschen und nicht zu einem Elfenbeinturm werden. Wenn immer weniger Menschen in diesem Gebäude leben können, dann werden sie sich daneben ein eigenes Gebäude ihres Glaubens errichten.

Die mediale Aufmerksamkeit rund um die Diskussion des Kommunionempfangs für Nichtkatholiken war erstaunlich. Auf der einen Seite ist die Erstkommunion für die meisten katholischen Kinder ein, wenn nicht das Highlight ihrer Kindertage. Sie stehen im Mittelpunkt, werden mit einer eigenen Garderobe nur für diesen Tag ausstaffiert, mit Geschenken überhäuft und die ganze Familie reist an. Gleichzeitig nimmt die Teilnahme an der sonntäglichen Messfeier seit Jahrzehnten ununterbrochen ab. Für die einen ist es das Allerheiligste und andere haben kein Problem, es jedem zu geben, der es haben möchte. Wenn am Sonntag nach der Messe vor der Kirche die Gläubigen gefragt würden, wie sie das verstehen, was sie empfangen haben, die Antworten würden wahrscheinlich eine große Bandbreite aufweisen und die Schnittmenge zwischen Lehre der Kirche und Meinung der Gläubigen höchst unterschiedlich ausfallen. Aus katholischer Sicht geht es bei der Messe um Quelle und Höhepunkt des Glaubens. Wird das erste Mal groß gefeiert, kommen immer weniger wieder, und dennoch wird auch außerhalb der Kirche höchst aufmerksam wahrgenommen, wenn es Einschränkungen beim Empfang gibt. Über den Worten »Das ist mein Leib ... – Das ist mein Blut ...«[93] wurde ein theologisches Gebäude errichtet von schwindelerregender Höhe. Gleichzeitig wurden und werden in diesem Gebäude auf der obersten Etage Glaubenskämpfe um das richtige Verständnis geführt, während unten die Menschen in Scharen ausziehen. Wie passt das alles zusammen und wie können wir davon überhaupt noch so sprechen, dass wir uns verstehen und verstanden werden?

Das Wunder der Verwandlung

Frage 100 Katholiken, was das Wichtigste sei in der Kirche; sie werden antworten: die Messe. Frage 100 Katholiken, was das Wichtigste sei in der Messe; sie werden antworten: die Wandlung. Sage 100 Katholiken, dass das Wichtigste in der Kirche die Wandlung sei. Sie werden empört sein: Nein, alles soll bleiben wie es ist!«

In katholischen Kreisen sind diese Worte des Priesters und Schriftstellers Lothar Zenetti recht bekannt. Ausgehend vom Begriff Wandlung in der Messe verweist er auf das Beharrungsvermögen der Menschen, das auch Katholiken nicht von anderen unterscheidet. Und mit der Wandlung habe ich selbst meine ganz eigenen Erfahrungen gemacht.

Im Gegensatz zu meinem älteren Bruder Peter war ich ein schlechter Schüler. Er durfte deswegen nach der Erstkommunion Messdiener werden, ich nicht. Unser Vater war der Meinung, ich solle meine ohnehin geringe Aufmerksamkeit ganz auf die Schule richten, um dort wenigstens einigermaßen mitzukommen. Leider ging der Wunsch, was die schulischen Leistungen betraf, nicht in Erfüllung – da halfen wie beschrieben weder Gebete noch das Messdiener-Verbot. Dass ich nicht Messdiener wurde, hatte aber einen unerwarteten Einfluss auf meinen Glauben. Sonntags gingen wir als Familie in die heilige Messe. Mein Bruder brachte als Messdiener Brot und Wein zum Altar, ich nicht. Ich musste zugucken und konnte keinen Blick in die Hostienschale werfen, konnte also auch nicht sehen, dass die Schale voll mit Hostien war. Was passierte infolgedessen in meiner kindlichen Vorstellung? Ich hatte bei der Erstkommunionvorbereitung gelernt, dass in dieser Feier durch die Gebete des Priesters das Brot verwandelt würde in den Leib Christi. Über das Wie dieser Verwandlung hatte ich mir keine Gedanken gemacht. Den Worten, dass das so sei, schenkte ich einfach Glauben. Wie sollte man sich das auch als Kind vorstellen? Allerdings entstand durch das, was ich zu sehen bekam, in meiner Phantasie ein ganz konkretes Bild vom Wirken Gottes in dieser Feier. Bei den Wandlungsworten sagte der Priester »Das ist mein Leib, der für euch hingegeben wird« und zeigte anschließend der Gemeinde eine Hostie. Alle schauten nach vorne und die Schellen der Messdiener erhöhten noch die Aufmerksamkeit. Danach legte der Priester diese Hostie wieder in die Schale zurück. Für mich war vollkommen klar, dass es auch nur diese eine Hostie in der Schale gab. Bei der dann folgenden Kommunion traten die Menschen nach vorne und alle empfingen eine Hostie. Am Ende der Feier hatte jeder eine bekommen und es gab nie die Situation, dass Menschen unverrichteter Dinge von der Kommunionbank zurückkehrten, weil ihnen gesagt worden wäre: »Tut mir leid, heute hat es nicht gereicht.« Da also eine Hostie gezeigt wurde und jeder eine bekam, habe ich immer gedacht, es gebe auch nur eine einzige Hostie in der Schale. Diese Überzeugung geriet auch nicht durch die Tatsache ins Wanken, dass alle Menschen eine Hostie empfingen. Wenn Gott der Schöpfer der Welt ist, dann war es für ihn doch ein Leichtes, jedes Mal eine neue entstehen zu lassen, sobald der Priester in die Schale griff. Meine Frage war deshalb nicht die nach der Verwandlung in den Leib Christi, sondern die nach der Vermehrung dieser einen Hostie. Und, besonders wichtig: Durfte der Priester in die Schale hineinsehen und beobachten, wie die eine gerade notwendige Hostie entstand, oder musste er den blinden Glauben haben, dass Gott immer dann eine entstehen ließ, wenn er hineingriff? Für mich war die Antwort klar: Der Priester durfte nicht hineinsehen! Die eine gezeigte Hostie bei der Wandlung, die sich stets erneuernde Hostie bei der Kommunion, das war mein Glaube. Mein kindlicher Glauben an die Macht Gottes ließ in jeder Messe die Geschichte der wunderbaren Brotvermehrung[94] direkt vor meinen Augen geschehen.

Die Erinnerung an die eigene Vorstellung kann hilfreich sein bei der Frage, wie das Wunder der Wandlung Kindern heute zu erklären ist, denn so, wie ich es mir vorgestellt und geglaubt habe, stimmt es ja nicht. Wenn Erwachsene Kindern etwas erklären, dann sollten sie es auf kindliche, aber nie auf kindische Weise tun. Das Kindische wird irgendwann durchschaut und abgehakt, das Kindliche vielleicht später wiederentdeckt und fortgeschrieben. Also lautet die Frage: Wie mit Kindern über das Geheimnis der Eucharistie reden und zwar nach dem Studium und der Lektüre theologischer Texte? Wie kann man erklären, dass Jesus in den Himmel aufgefahren ist und gleichzeitig gegenwärtig wird in der Gestalt des Brotes[95]? Sogar in Gestalt vieler Brote, immer in der ausreichenden Anzahl für alle Anwesenden! Wie kommt er in das Brot und bleibt in ihm? Dass dies ein Akt des Glaubens ist, entbindet ja nicht davon, ihn möglichst verständlich zu erklären und wenn die Kinder so einen Zugang zum Geheimnis bekommen, warum sollte das nicht auch deren Eltern helfen?

Mein Versuch, diese Fragen in der Kommunionvorbereitung zu beantworten, sah so aus: Ich habe den Kommunionkindern und deren Eltern einen Brief gezeigt, den meine Mutter mir geschrieben hatte. Auf Papier mit Tinte. Ich sagte zu den Kindern: »Stellt euch vor, ich gehe mit dem Brief draußen über eine Wiese spazieren und lese ihn. Was passiert, wenn ich nicht aufpasse?« Die Kinder kamen sehr schnell auf die Antwort und sagten: »Wenn du nicht aufpasst, dann trittst du in einen Hundehaufen.«

»Stimmt, das kann passieren, wenn man über eine Wiese läuft und nicht aufpasst. Aber das ist jetzt gar kein Problem, denn ich habe den Brief und mit dem kann ich meine Schuhe sauber machen ...«

Sofort erscholl lautstarker Protest: »Das darfst du nicht machen, du kannst mit dem Brief deiner Mutter doch nicht deine Schuhe abputzen!«

»Richtig, aber warum kann ich das nicht machen? Könnt ihr mir auch erklären, warum das nicht geht? Ein Brief ist doch nur ein Stück Papier mit etwas Tinte darauf.«

»Das ist richtig, was du sagst, aber das geht trotzdem nicht! In dem Brief ist deine Mutter drin!«

»Da soll meine Mutter drin sein? Wie kann ich das denn bitte verstehen? Meine Mutter wohnt in Kleve am Niederrhein und wenn ich jetzt mein Handy raushole und sie anrufe, dann geht sie ans Telefon. Wie kann sie dann bitteschön gleichzeitig in dem Brief sein?«

»Deine Mutter wohnt in Kleve, aber sie hat sich in den Brief irgendwie reingegeben, mit ihren Gedanken, ihren Worten und ihrer Schrift. Sie ist da irgendwie jetzt drin in dem Brief!«

»Wenn ich den Brief also zerreiße, kann ich meine Mutter dann darin sehen?«

»Nein!«

»Sie ist also darin, aber sie ist nicht zu sehen. Das ist merkwürdig, aber ich kann euch verstehen! Was ist aber, wenn meine Mutter mir öfter einen Brief schreibt? Ist sie dann in jedem Brief drin?«

»Ja, sie ist dann in jedem Brief.«

»Ihr habt recht. Aber warum schreibt meine Mutter mir überhaupt einen Brief?«

»Weil sie nicht da wohnt, wo du wohnst. Deswegen schreibt

sie einen Brief. Würde sie bei dir wohnen, dann bräuchte sie dir nicht zu schreiben.«

»Aber ist sie mir denn nicht auch nahe, wenn sie mir nicht schreibt? Fühlen wir uns denn nicht auch verbunden ohne Briefe?«

»Doch, ihr könnt auch aneinander denken, aber mit so einem Brief hast du was in Händen. Der ist doch viel persönlicher und ein sichtbares Zeichen der Verbundenheit.«

»Richtig! Vielleicht könnt ihr jetzt verstehen, was in der Messe geschieht. Weil Jesus bei seinem Vater im Himmel ist, gibt er uns ein anderes Zeichen seiner Nähe und Gegenwart. Er schreibt uns nicht einen Brief, sondern er ›schreibt‹ seinen Namen auf das Brot, das wir essen, er gibt sich da hinein, und so kommt er uns noch näher, als das mit einem Brief möglich ist. Wir feiern diese Form der Kommunion, der Gemeinschaft mit ihm, weil er gleichzeitig im Himmel beim Vater ist. Also eine Messe feiern, in der Jesus körperlich anwesend ist, wäre so merkwürdig, wie wenn meine Mutter mir einen Brief schreiben würde, obwohl wir im selben Haus wohnen. Wenn der Brief meiner Mutter aus Versehen zerrissen wird, dann ist sie doch in jedem Teil des Briefes ›irgendwie drin‹, egal wie groß das Stück ist. Dasselbe gilt auch für die Größe oder die Anzahl der Brotstücke, in jedem Stück ist Jesus ganz ›irgendwie drin‹. In jedem Teil des Brotes aus der Messe tritt jeder Christ, der es empfängt, mit Jesus in Verbindung, in jeder Kirche der Welt. So wie meine Mutter in jedem Brief ist, so ist Jesus in jedem Stück Brot in jeder Kirche auf der ganzen Welt und das zur gleichen Zeit.«

Doch der Versuch, das Wunder der Verwandlung zu erklären, ist an der Stelle nicht zu Ende. Denn was passiert, wenn ich den Brief meiner Mutter zufällig verliere? Er fällt mir aus der Tasche und bleibt auf der Wiese liegen. Nun kommt ein Mensch aus einem anderen Land über die Wiese, der unsere

Sprache weder sprechen noch lesen kann. Auch er tritt in den Hundehaufen. Er nimmt den Brief, den er nicht lesen kann und der für ihn nur ein Stück Papier ist, und er macht damit seine Schuhe sauber. Das sei zwar nicht gut, meinten die Kinder, aber da er es ja nicht mit Absicht tut, könne man ihm sein Verhalten auch nicht vorwerfen, er wisse ja nicht, was auf dem Papier steht. Er kenne weder den Absender noch den Empfänger. Bei den Kindern nachgefragt, ob das meiner Mutter weh tue, verneinten sie dies. Obwohl sie als Absender »irgendwie« in dem Brief sei, würde sie keinen körperlichen Schmerz empfinden, wenn so etwas damit gemacht würde. So unerklärlich, wie ihre Gegenwart in dem Brief sei, so könne er doch nur von dem richtig verstanden werden, der die gleiche Sprache spricht wie die, in der er geschrieben ist. Und das Besondere: Eigentlich könnten nur die einen solchen Brief wirklich verstehen, die sich lieben und nicht nur die Worte lesen können, sondern auch deren Bedeutung richtig verstünden. Was hat das mit der Messe und der Kommunion zu tun? Sehr viel! Denn es ist nicht nur wichtig, dass der Schreiber sich in das hineingibt, was er schreibt, sondern die Leser das Geschriebene auch verstehen und aufnehmen, dass sie den Schreiber lieben. Was passiert also, wenn jemand zur Kommunion geht, der nicht weiß, worum es geht, der weder Jesus noch unsere Gemeinschaft kennt und nicht weiß, was wir feiern? Empfängt so jemand dann überhaupt Jesus in der Kommunion? Die Kinder meinten spontan: »Nein, der kann mit Jesus ja gar nicht richtig kommunizieren, weil er die Sprache von Jesus nicht versteht, weil er nicht weiß, wer Jesus ist.« Was solch ein Mensch dann bei der Kommunion empfängt, das wollten die Kinder nicht sicher sagen. Immerhin hätte Jesus sich ja in das Brot hineingegeben, auch wenn der die Kommunion empfangende Mensche nicht mehr sieht als ein Stück Brot. Sicher aber waren sich die Kinder: Um wirklich mit Jesus kommunizieren zu können, muss der Mensche Jesus erst kennengelernt haben. So, wie man die Sprache und die Schrift des Briefeschreibers kennen muss, um zu verstehen, was er geschrieben hat. Eine Verwandlung des Brotes findet also statt durch den Willen Jesu, aber eine Kommunion mit diesem Jesus findet erst dann statt, wenn der Mensch seinen eigenen Beitrag dazu geliefert hat. Die Verwandlung vonseiten Gottes ist eine 100-prozentige und dennoch bedarf sie noch der glaubenden Anerkennung, damit daraus in der Kommunion eine Communio, eine Gemeinschaft mit ihm wird. Bei Gott gibt es eben das Unglaubliche, dass das 100-Prozentige von Gott auch noch nach dem Beitrag des Menschen verlangt.

Kinder sind nicht die schlechtesten Theologen, wenn es darum geht, einem Geheimnis auf die Spur zu kommen. Und ich fragte weiter: Was ist denn mit Menschen, die geistig nicht in der Lage sind, das bisher Gesagte zu verstehen? Da waren die Kinder der Meinung, dass diese Menschen als Teil der Gemeinschaft, die an Jesus in der Kommunion glaubt, doch etwas von dem erspüren können, was gefeiert wird. Im Übrigen wären sie durch die Taufe Teil der Kirche und auch das wären sie doch, ohne es richtig verstanden zu haben. Deshalb dürften diese Menschen, ob jung oder alt, mit zur Kommunion gehen. Verstehen könne, so die Kinder, nicht das entscheidende Kriterium sein, wenn nach den Wandlungsworten in der Messe im Hinblick auf das Geschehen eben auch gesagt wird: »Geheimnis des Glaubens!«

In der Vorbereitung auf den Empfang der Kommunion habe ich den Kindern immer eine unkonsekrierte, eine unverwandelte Hostie zu essen gegeben und das aus einem ganz bestimmten Grund. Es gibt eine lange Vorbereitung auf diesen einen besonderen Moment. Der ist eingebettet in einen großen Festtag, an dem die Kinder das erste Mal dieses Brot empfangen, das durch Jesus verwandelt wurde. Was mag sich da alles an Erwartungshaltungen innerlich aufgebaut haben? Das Brot muss jetzt aber auch schon ganz besonders schmecken! Damit die eventuelle Enttäuschung nicht zu groß wird, sollten die Kinder schon einmal den Geschmack dieses Brotes gekostet haben um zu wissen, dass es eigentlich nach nichts schmeckt. Dieses Stück Brot wurde aus der Plastiktüte verteilt, in der es geliefert wurde. Die Reaktion der Kinder, die schon sehr gespannt auf den Geschmack dieses besonderen Brotes waren, lautete meist: »Das schmeckt ja nach Esspapier oder eigentlich nach gar nichts.« In der Tat ist es so, dass man nur hoffen kann, dass jedes Essen außerhalb der Kirche besser schmeckt... Doch eines verbindet das Essen innerhalb mit dem außerhalb der Kirche. Der Wert eines Essens hängt wesentlich auch davon ab, wie und mit wem ich esse. Ob die Kinder am Tag ihrer Kommunion lieber ihr Lieblingsessen alleine oder ein einfaches Essen mit ihrer Familie und ihren Freunden essen würden? Die Antwort war eindeutig. Umgebung und Verhalten entscheiden wesentlich mit über den Geschmack der Mahlzeit. Wenn etwas so unscheinbar, klein und geschmacksneutral ist, dann sind Ambiente und Dramaturgie wichtig für das Erleben und Erspüren eines Geheimnisses. Ebenso wichtig sind das eigene Verhalten und das der anderen. Wie verhalte ich mich zu dem, was ich empfangen habe? Wer beim Essen nur herumhampelt, kann den anderen den Appetit verderben und sich sowieso.

Der Versuch, den Kindern auf diese Weise das Geheimnis der Eucharistie, die Wichtigkeit der Feier in der Gemeinschaft, aber auch das Verstehen und Mitwirken jedes Einzelnen zu erklären, gehörte für mich zu den schönsten Aufgaben in meinem Leben als Priester. Denn Wandlung und Verwandlung sind zwei der zentralen Begriff des Glaubens und der Gottesbegegnung. Das lässt sich in allen Sakramenten wiederentdecken. In der Taufe will Gott den Menschen durch die Hineinnahme in die Gemeinschaft mit ihm verwandeln. In der

Beichte will Gott den Menschen verwandeln durch seine Barmherzigkeit. In der Eucharistie verbindet der Mensch sich besonders mit Gott, um verwandelt aus dieser Feier hervorzugehen. Gott will nicht Brot und Wein verwandeln, sondern den Menschen, der ihn in diesen Zeichen empfängt. Jede Kommunion ist daher ein Ausdruck davon, dass der Menschen durch Gott in eine bessere Ausgabe von sich selbst verwandelt werden kann. Gott gibt die Hoffnung auf Verwandlung nicht auf und mit jeder Kommunion erneuere auch ich diese Hoffnung.

Scheinbar wird die Wichtigkeit der Wandlung auch durch deren zentrale Stellung in der Messe unterstrichen. Doch im Aufbau der Feier ist die Kommunion nicht in der Mitte. Im Aufbau der Eucharistie empfand ich deshalb lange etwas Unstimmiges. Erst eine lange Hinführung: Begrüßung, Kyrie, Gloria, Gebet, erste Lesung, zweite Lesung, Evangelium, Predigt, Glaubensbekenntnis, Fürbitten, Gabenbereitung, Hochgebet, Wandlung, Vater Unser. Dann der Höhepunkt: die Kommunion! Doch danach? Schlussgebet und Segen und aus ist es. Die Kommunion wurde immer als Höhepunkt der Messe vermittelt und danach bricht die Dramaturgie überraschend schnell ab. Es gibt einen langen Aufstieg zu einem besonderen Moment der Begegnung und dem folgt kein Abstieg mehr, sondern ein schnelles Ende. Ich habe etwas gebraucht, um das anders zu verstehen: Die Messe endet nämlich nicht überraschend plötzlich, weil sie eigentlich gar nicht endet! Sie soll sich draußen in der Welt fortsetzen. Der Christ soll schnell die Kirche verlassen, um mit Christus, den er in Wort und Sakrament empfangen hat, in die Welt hinauszugehen! Das Wunder der Verwandlung endet nicht mit dem Empfang der Kommunion, sondern gestärkt durch die Kommunikation mit Gott kann der Christ sie jetzt selbst aktiv betreiben. Jede Begegnung mit Gott ist eine, aus der der Mensch verwandelt hervorgeht, um an der Verwandlung der Welt mitzuarbeiten.

Die folgende Überlegung war dann eher für die Eltern, weniger für die Kinder. Im katholischen Verständnis kommt noch eine soziale Komponente hinzu, ist die Kommunion doch ein Geschehen, das nicht nur zwischen Jesus und dem Empfangenden stattfindet, sondern weit darüber hinausgeht. Bei der Kommunionspendung wird gesagt: »Der Leib Christi.« Wäre dies nur ein Geschehen zwischen Jesus und dem Empfangenden, dann würde es ausreichen zu sagen »Das ist Jesus für dich.« Dies beschreibt jedoch nicht das, was wir glauben, denn es handelt sich bei der Kommunion um mehr. Wenn gesagt wird »Der Leib Christi«, dann bezeichnet dies die Gemeinschaft der Getauften, all derer, die in die Gemeinschaft mit Jesus Christus hineingenommen sind, deren Haupt er ist und deren Glieder sie sind. »Ihr aber seid der Leib Christi, jeder Einzelne ist ein Glied an ihm.«[96] »Er (Christus) ist das Haupt des Leibes, der Kirche.«[97] Bildlich gesprochen heißt das: Wer zu Kommunion geht, der kommuniziert nicht nur mit Jesus, dem Auferstandenen, der sich in dieses Brot hineingibt, sondern er kommuniziert auch mit dem ganzen Leib Christi, zu dem alle gehören, die in diese Gemeinschaft aufgenommen wurden. Man muss also alle mit ›durch den Hals kriegen‹: die man gern hat und mit denen man sich schwer tut, die Freunde und sogar die Feinde, die neben einem stehen und im fernen Rom den Papst mit der ganzen Kurie. Man kommuniziert nicht nur mit einer Auswahl derer, die einem gefallen und die einem glatt runtergehen, sondern mit allen, die zum Leib Christi dazugehören. Wem das schwer fällt, der muss sich einfach nur vorstellen, dass schließlich auch alle anderen ihn in sich aufnehmen, auch die, die ihn nicht mögen. Diese Vorstellung kann die nötige Demut verleihen zu erahnen, dass man selbst nicht immer nur ein leicht anzunehmender Teil dieses Leibes Christi ist, sondern manchmal auch ein schwer zu verdauender.

Menschen, die aus der Kirche ausgetreten sind, haben meist menschliche Gründe, die sie zu diesem Schritt bewogen haben. Probleme mit dem Papst, mit den Bischöfen, Priestern oder der Gemeinde waren oft ausschlaggebend. Es gibt Gründe, die es einem schwer machen, Teil dieser Gemeinschaft zu bleiben und es ist wahrscheinlich, dass bis in die höchsten Kreise der Kirche Menschen an dieser sichtbaren Kirche manchmal zu verzweifeln drohen. Fehlentwicklungen und Fehlentscheidungen pflastern den Weg der Kirche durch die Jahrhunderte. Wer bei allem, was er gut kann, auch weiß, dass er diese Kirche nicht nur besser macht, weil er ein Mensch mit Stärken und Schwächen ist und diese Gemeinschaft beides annimmt, der kann die Grenzen, die »Schwerverdaulichkeit« der anderen auch besser aushalten. Der begreift vielleicht auch die Spannung, die in der Feier der Messe und Kommunion liegt, wenn jeder jeden in sich aufnimmt. Der kann verstehen, dass dies nur gelingt, weil Christus das Haupt dieser Gemeinschaft ist. Christus selbst geht mit dieser Art der Kommunikation das größte Risiko ein, begibt er sich doch buchstäblich in die Hände der Menschen. Daran muss sich die Gemeinschaft der Christen messen lassen. Schon bei der Bitte um die Aufnahme in diese Gemeinschaft kennt die Kirche kein Ausschlusskriterium. Egal, wie das bisherige Leben war, wer zu Christus gehören will, dem muss die Gemeinschaft sich öffnen. Dass das die Gemeinschaft herausfordert, gehört zur Urerfahrung von Kirche. Paulus, der ehemalige Christenverfolger, sagt von sich:

> »Dank sage ich dem, der mich stark gemacht hat, Christus Jesus, unserem Herrn, dass er mich für treu erachtet und in seinen Dienst berufen hat, der ich vorher ein Lästerer, Verfolger und Frevler war. Aber ich habe Erbarmen gefunden, weil ich aus Unwissenheit und im Unglauben gehandelt hatte.«[98]

Jeder bringt sein Leben mit in diese Feier der Verwandlung und mit jedem kommunizieren wir, wenn wir die Kommunion empfangen. Das ist ein hoher Anspruch: Communio mit einer Gemeinschaft Ausgewählter, das kann jeder. Wer sich dagegen in die Gemeinschaft mit Gott begibt, der darf damit rechnen, von ihm nicht ausgeschlossen zu werden und der stellt sich damit dem Anspruch, auch selbst niemanden auszuschließen! Kommunion im katholischen Verständnis ist also eine All-inclusive-Angelegenheit.

Leben als Christ bedeutet Wandlung. Jesus tritt in allen Begegnungen mit Menschen als der große Verwandler auf. Er will nicht durch Wunder die Menschen verzaubern, sondern durch sein Wort und Vorbild die Menschen verwandeln. Im Märchen von Kalif Storch[99] geht es um das Thema der Verwandlung. Ein böser Zauberer gibt dem Kalifen von Bagdad Chasid und seinem Großwesir Mansor die Macht, sich in jedes Tier zu verwandeln. Sie dürfen aber während der Zeit nicht lachen; wenn doch, würden sie das Wort vergessen, das sie wieder zu Menschen machen kann. Das verwandelnde Wort heißt »Mutabor«, zu Deutsch: »Ich werde verwandelt«. Das Wort »Mutabor« ist ein Deponens und kann auch übersetzt werden mit »Ich werde mich verwandeln«. Dieses »Mutabor« ist für mich nicht nur Bestandteil eines Märchen-Klassikers, sondern das entscheidende Wort, das ich mit meinem Glauben in Verbindung bringe: Ich werde verwandelt. Das Johannesevangelium beginnt mit dem Satz: »Im Anfang war das Wort, und das Wort war bei Gott, und Gott war das Wort.«[100] Dieses »Wort«, von dem der Evangelist Johannes spricht, bezeichnet die Person Jesu. »Und das Wort ist Fleisch geworden und hat unter uns gewohnt …«[101] Jesus Christus ist das Wort Gottes, durch das die Welt ihre entscheidende Verwandlung erfahren hat und durch das der Mensch verwandelt werden kann.

Sage 100 Katholiken, das Wichtigste sei die Wandlung und es könnte sein, dass alle 100 zustimmen. Frage sie dann, welche Wandlung sie meinen, und die Antworten werden unterschiedlich ausfallen, je nach dem, ob man den Schwerpunkt mehr auf die Wandlung von Brot und Wein oder die der Welt legt. Die Lösung ist ebenfalls eine bestens katholische: »et – et«, »sowohl – als auch«. Gottes Sohn ist nicht Mensch geworden, um den Menschen eine Feier zu hinterlassen, in denen Brot und Wein verwandelt werden in seinen Leib. Wer vor diesem Geheimnis des Glaubens allein anbetend verharrt, der bricht das Wunder der Wandlung zu früh ab. Durch die Kommunion muss ich Gott auch die Gelegenheit geben, mich zu verwandeln und dann durch mich die Welt. Ich erinnere an die Fürbitte beim Firmgottesdienst, in der Gott um nichts mehr gebeten wurde als darum, die eigene Veränderungsbereitschaft, die eigene Verwandlungsfähigkeit zu stärken. Bleibt die Verwandlung nur Teil eines Geschehens in der Kirche, dann wird sie nicht Teil der Welt, wird im Letzten ihrer Wirkung für die Welt beraubt. Der Orden der Kartäuser[102], dessen Schwestern und Brüder in einer Einsiedlergemeinschaft streng zurückgezogen von der Welt leben, macht die Verbindung von Gottesdienst und Weltdienst auf eine Weise besonders deutlich, endet die Messe doch ohne einen Segen. Begründet wird dies damit, dass alles, was man tut, Gottesdienst ist. Eine solche Sichtweise sollte viel mehr das Bewusstsein der Christen außerhalb der Klostermauern prägen.

Doch brechen wir das Wunder der Verwandlung nicht zu früh ab, nicht hinter den Mauern der Kirche, nicht bei der Gestaltung der Welt – und schon gar nicht in unserem Leben, auf das am Ende die größte Verwandlung noch wartet, wenn der, den wir in der Eucharistie empfangen haben, »den Leib unserer Niedrigkeit umwandeln (wird), dass er dem Leib seiner Herrlichkeit gleichgestaltet ist ...«[103].

Zutritt nur für Sünder

Die Kirche wird oft als eine Institution wahrgenommen, in der es um die Sünde geht, die ihren Fokus ausgerichtet hat auf das, was dem Menschen misslingt. Diesem Eindruck zu widersprechen, verstärkt und bestätigt ihn eher. Was an sündhaftem Verhalten von Amtsträgern dieser Kirche in den letzten Jahren bekannt geworden ist, fällt der Institution jetzt mit aller Macht vor die Füße.

Bei der Sünde geht es um ein Fehlverhalten, sei es in Gedanken, Worten oder Werken, klein oder groß, schwer oder leicht. Es handelt sich in jeden Fall um etwas Unangenehmes und der erste Reflex des Menschen bei der Begegnung mit persönlicher Schuld ist Verdrängen, Verleugnen oder einen anderen dafür verantwortlich zu machen. Bereits in der Schöpfungsgeschichte[104] wird dieses Verhalten beschrieben. Als Gott Adam fragte: »Hast du von dem Baum gegessen, von dem zu essen ich dir verboten habe?«, antwortet Adam: »Die Frau, die du mir beigesellt hast, gab mir von dem Baum und ich aß.« Und die Frau reagiert nach demselben Muster: »Die Schlange hat mich verführt und ich aß.« Bevor es zu dieser Begegnung zwischen Gott sowie Adam und Eva kommt, wird das Gefühl des Menschen beschrieben, als er erkennt, dass er etwas falsch gemacht hat. Adam und Eva verstecken sich, weil sie sich schämen. In dieser Geschichte wird keine historische Begebenheit erzählt, sondern beispielhaft der Umgang des Menschen mit seinen Fehlern dargestellt.

Unser Leben besteht nicht nur aus Fehlern, aber sie sind ein Bestandteil des Lebens. Es geht keineswegs darum, Menschen ein schlechtes Gewissen einzureden, aber ist es nicht erstaunlich, wie groß die Diskrepanz ist zwischen dem Gefühl für den mangelhaften Zustand der Welt und dem eigenen Anteil daran? Dabei braucht man nicht einmal auf die großen Krisen- und Konfliktherde zu schauen. Wer entdeckt nicht auch Probleme in der eigenen Familie, am Arbeitsplatz, im Straßenverkehr, der Nachbarschaft? Eigentlich überall, wo Menschen miteinander leben, sei es im Kleinen in der Familie oder im Großen im Staat, spüren wir Defizite. Dass dies durch Menschen verursachte Fehler sind, darüber sind sich alle einig; und einig ist man sich auch, dass es andere sind, die diese Fehler gemacht haben. Dabei muss der Mensch nicht das Haus verlassen, um an menschliche Grenzen zu stoßen. Er wird sie bei sich selbst entdecken.

Wie mit diesen Grenzen umgehen? Besonders hilfreich sind die Begegnungen Jesu mit Sündern, es sind Meisterwerke des Umgangs mit menschlichem Scheitern. Sei es im Haus des Pharisäers, in dem ihm eine Sünderin die Füße wäscht[105], die Kontaktaufnahme mit dem Zöllner Zachäus[106] sowie die Reaktion der anderen darauf oder die Entschärfung einer brenzligen Situation, in der eine Ehebrecherin[107] gesteinigt werden soll und in der am Ende diese nicht ihr Leben und die anderen nicht ihr Gesicht verlieren. Die Schuld wird bei Jesus nie unter den Teppich gekehrt, denn Verdrängen ist so wenig eine Lösung wie Leugnen oder sie anderen zuzuweisen. Es findet bei Jesus immer eine Begegnung mit dem ganzen Menschen statt und dabei wird auch die Schuld angesprochen. Jesus ist sich bewusst, dass dies dem Sünder unangenehm ist. Nachdem Petrus, den er zum Sprecher der Apostel berufen hat, ihn in höchster Not dreimal verleugnete[108], hält er ihm nach der Auferstehung diesen Verrat nicht vor, sondern fragt ihn im Beisein aller Apostel nach seiner jetzigen Haltung: »Simon, Sohn des Johannes, liebst du mich mehr als diese?«[109] Simon Petrus weiß, weshalb ihm diese Frage nicht nur einmal, sondern dreimal gestellt wird. Die Erinnerung an seine Fehler macht ihn im Moment traurig, die Konfrontation damit stärkt ihn allerdings für die Zukunft, in der sein Bekenntnis gefragt sein wird.

Diese Fehlerfreundlichkeit Gottes ist etwas, das nur wenige Menschen mit der Kirche in Verbindung bringen. Leider! Fehler: ja, freundlich: nein. In der Kirche Heilig-Kreuz in Münster wurde dies in der Fastenzeit mit einer Installation bildlich dargestellt. Alle Türen wurden bis auf das Hauptportal geschlossen. Öffnete man dieses, gaben große Glastüren den Blick frei in die Kirche. Hinter den Glastüren ruhte die Orgelempore auf zwei Säulen. Dazwischen war eine Folie gespannt, sodass der Blick in die Kirche versperrt war. Auf dieser Folie stand in großen Lettern: »Zutritt nur für Sünder«. Wie nicht anders zu erwarten, waren die Reaktionen sehr unterschiedlich. Sagten die einen »Endlich ein Ort für mich!«, meinten die anderen: »Ich wäre am liebsten gleich wieder gegangen«. Nach dem Gottesdienst konnte man die Kirche auch nur durch dieses Portal verlassen. Auf der Rückseite der Folie war dann der Text zu lesen: »Ausgang für Heilige«. Was wir dadurch ausdrücken wollten: So wie im Evangelium jede Begegnung mit Jesus dazu führt, dass die Menschen innerlich aufgerichtet werden, so sollte jede Gottesbegegnung und jeder Gottesdienst sein: eine aufrichtige Begegnung mit mir und eine aufrichtende Begegnung durch Gott!

Der Autor und Aktionskünstler Christoph Schlingensief[110] berichtete angesichts seiner Krebserkrankung, wie ihn ein Satz in der Messe zutiefst getroffen habe. Dieser Satz ist fester Bestandteil jeder Messe, wird vor der Kommunion von der Gemeinde gesprochen, und geht zurück auf den heidnischen Hauptmann von Kafarnaum. »Herr, ich bin nicht würdig, dass du eingehst unter mein Dach. Aber sprich nur ein Wort, so wird meine Seele gesund.«[III] Aus den Worten spricht eine spirituelle Grundhaltung von Einsicht in die Notwendigkeit einer dauernden Umkehr. Da macht sich nicht jemand kleiner als er ist, sondern da erfährt sich jemand als begrenzt und erkennt gleichzeitig in diesem Jesus den, der diese Grenzen nicht kennt. Dabei handelt es sich nicht um die Grenzen meiner Fähigkeiten, sondern um die meiner Seele. Ich bin einfach nicht in der Lage, alles in meinem Leben richtig zu machen. Ich werde anderen Menschen keineswegs immer so gerecht, wie sie es verdient hätten. Das geschieht nicht nur willentlich, wie bei der genommenen Vorfahrt oder gefälschten Steuererklärung, sondern oft unwillkürlich. Dabei muss man nicht einmal hoch greifen wie zum Gebot der Feindesliebe, denn wir scheitern oft schon viel früher, bereits bei der Nächstenliebe.

Die Einsicht in die Fehlerbehaftetheit zusammen mit der Fehlerfreundlichkeit und dem Wunsch der Verwandlung zeichnet für mich den christlichen Glauben aus, macht mein Credo aus. Kindern habe ich deswegen den hohen Innenraum von Kirchen damit erklärt, dass so auch der größte Mensch darin aufrecht stehen könne! Selbst wenn er gebeugt hineinkam, Gott will ihn aufrichten und nichts darf ihm dabei im Weg sein. Am Ende jeder Gottesbegegnung sollte der Mensch aufrecht oder zumindest aufgerichtet die Kirche verlassen. Da, wo in der Kirche Menschen gebeugt statt aufgerichtet wurden, war nicht Gott am Werk.

Damit es jedoch zum Aufrichten kommt, bedarf es einer Bedingung: Kenne ich so etwas wie Erlösungsbedürftigkeit? Wer sich seiner Grenzen und seiner eigenen Unzulänglichkeit bewusst wird, für den müsste die Glaubensgemeinschaft der Kirche der ideale Ort sein. Wer nicht erlösungsbedürftig ist, der braucht auch keinen Erlöser. An Weihnachten wird in der Person Jesu der Erlöser geboren und zu Ostern vollendet sich das Werk der Erlösung. Wer jedoch keinen Erlöser braucht, der braucht weder Weihnachten noch Ostern.

Geben wir dieses Bild von Kirche auch weiter? Warum wird Kirche so fehlerfixiert und nicht fehlerfreundlich wahrgenommen? Was vermitteln wir da eigentlich, welches Bild geben wir ab und weiter? Eltern begründen die Einführung ihrer Kinder in den Glauben im Rahmen der Kommunionvorbereitung oft mit einer gewünschten Wertevermittlung wie Hilfsbereitschaft, Nächstenliebe, miteinander teilen, Gutes tun. Was sich positiv anhört, entbehrt nicht einer gewissen Problematik. Obwohl Menschen unter den Moralvorstellungen der Kirche gelitten haben, wird sie dennoch nicht selten als Moral- und Wertevermittlungsanstalt für die nächste Generation gesehen. Selbstverständlich hat die Kirche Wert- und Moralvorstellungen und sie ist nicht die einzige Institution, die das für sich reklamiert (und leider oft die eigenen Standards nicht einhält). Die Werte und Verhaltensmaßstäbe der Kirche gehen dem Glauben jedoch nicht voraus, sondern resultieren aus ihm und manche sind erst dann überzeugend, wenn man an Jesus als den Sohn Gottes glaubt. Als Wertelieferant für eine bürgerliche Gesellschaft mag die Kirche von außen gesehen werden. Sollte sie jedoch der Versuchung nachgeben, selbst ihre Relevanz damit zu begründen, dann gibt sie ihr Innerstes auf, um ihre äußere Form zu behalten. Doch ohne einen Wert aufzugeben oder nur ein Jota des Gesetzes aufzuheben[112], ist Kirche in erster Linie in der Nachfolge Jesu der Ort, an dem aufgerichtet werden soll, ganz im Sinne von »Zutritt nur für Sünder« und dem daraus folgenden »Ausgang für Heilige«. So wünsche ich mir meine Kirche.

Gottes Klientel sind die Sehnsüchtigen, die Suchenden, die Erlösungsbedürftigen. Sehnsüchtige kennen die Erfahrung von Defizit, ihnen fehlt etwas, was die Welt ihnen nicht geben kann. Das ist die Stelle, wo Gott ansetzt. Sei es die Sehnsucht nach Liebe, nach Barmherzigkeit oder die nach ewigem Leben. Für die Sehnsüchtigen, die mehr suchen als das Sichtbare, stellt sich die Frage: Wo suche ich und was suche ich da? Christsein ist nichts für die Ängstlichen oder die, die sich absichern wollen im Sinne von »Man weiß ja nicht und wenn es doch was gibt, dann bin ich zumindest auf der sicheren Seite«. Christsein sollte etwas für Weitsichtige sein, die das Reich Gottes mit in den Blick nehmen, nicht nur für sich, sondern auch für andere und für die ganze Schöpfung. Der Sozialstaat ist nicht das Reich Gottes, wohl aber eine kluge Entscheidung für das Diesseits in Richtung Reich Gottes. Doch ein Staat lässt sich nicht auf der Grundlage des Evangeliums bilden. Ein funktionierendes Sozialgebilde auf der Grundlage des Evangeliums realisiert sich noch nicht einmal in einem Kloster. Das Evangelium ist natürlich das verbindende Element für die Männer und Frauen in Klöstern, aber es verbindet eben Menschen und die brauchen in der Gemeinschaft doch mehr als das Evangelium, um den Alltag zu gestalten. Deswegen haben Ordensgründer wie Benedikt, Franziskus, Dominikus oder Bruno nicht einfach gesagt: »Hier ist das Evangelium, danach richten wir uns«, sondern sie haben Ordensregeln geschrieben. Diese basieren auf dem Evangelium, aber es bedarf für das Miteinander von Menschen konkreterer Regeln. »Zu allen sagte er: Wer mir nachfolgen will, der verleugne sich selbst und nehme täglich sein Kreuz auf sich und folge mir nach.«[113] Dieser Einladung Jesu kann kein Staat folgen, weswegen ein Gottesstaat nie funktionieren wird. Die Entscheidung der Nachfolge kann nicht einmal in einem Orden von oben für alle gefällt, sondern nur vom Einzelnen getroffen werden. Die Erwartungen, die die Welt an die Gemeinschaft der Christen stellt, sind auf der Folie des Evangeliums kaum zu erfüllen. Es bleibt eine unübersehbare Diskrepanz zwischen dem Evangelium und der sichtbaren Kirche. Dem daraus resultierenden Vorwurf wird sie sich immer ausgesetzt sehen. Der einzelne Christ ist es, der durch sein Leben mehr oder weniger zur Diskrepanz oder zur Glaubwürdigkeit beiträgt, auch wenn er hinter den Zielen des Evangeliums oft zurückbleiben wird.

Im Hinblick auf die Attentate vom 11. September 2001 hat Präsident Obama vor der UNO am 24. September 2014 gesagt: »Kein Gott verzeiht diesen Terror.« Als Christ kann er so etwas nicht sagen und als Präsident sollte er nicht mit Gott argumentieren. Und zu welchen Göttern wurde in den Flugzeugen am 11. September wohl gebetet? Haben Menschen auch zu demselben Gott gefleht, nur in gegensätzlichen Gebeten? Ist es derselbe Gott, dem die einen sich opfern und andere geopfert werden? Mein Gott tötet nicht, er lässt sich lieber töten! Und mein Gott verzeiht diesen Terror, so fürchterlich sich das auch anhört für die, die unter diesem Terror leiden.

Gibt es also keine Grenzen beim Erbarmen Gottes? Menschen kommen an solche, mehr oder weniger schnell. Aber gibt es Taten, die Gott nicht verzeihen will oder kann? Am 01. Oktober 1957 starb in Frankreich Jacques Fesch mit 27 Jahren unter der Guillotine. Seine letzte Tagebucheintragung lautete »Morgen werde ich Jesus sehen!« Geschrieben am Tag vor seiner Hinrichtung, von ihm, einem Polizistenmörder. Nachdem seine wohlhabenden Eltern die Eskapaden ihres Sohnes nicht mehr finanzieren wollten, überfiel er einen Juwelier und erschoss auf der Flucht einen verwitweten Polizisten, der eine kleine Tochter hinterließ. Im Gefängnis bekehrte sich Jacques Fesch. Er betete täglich die Messtexte und den Kreuzweg. Er bekehrte andere Gefangene, versöhnte sich mit seiner Familie und heiratete seine Freundin, die Mutter des gemeinsamen Kindes. Sein intensives religiöses Leben erklärte er auch mit dem bald zu erwartenden Tod. Er war sich selbst nicht sicher, ob er sonst so fromm leben würde. Eine kluge und ehrliche

Einsicht, die der Wahrhaftigkeit des gewählten Weges keinen Abbruch tun muss. 36 Jahre nach seinem Tod eröffnete Kardinal Lustiger von Paris den Seligsprechungsprozess, was zu heftigen Protesten in der französischen Bevölkerung führte. Beides ist zu verstehen, den Wunsch nach der Seligsprechung, wie auch die Probleme, die Menschen damit haben können. Es wird deutlich, dass der Glaube eine persönliche Entscheidung ist, die jeder für sich fällen muss und die Konsequenzen fordert.

Mit den Jahren wächst in mir die Überzeugung, dass Religion in der zweiten Lebenshälfte vielleicht nicht unbedingt wichtiger für den Menschen wird, aber wesentlicher werden kann. Was der Mensch vor Vierzig außen sucht, sucht der Mensch nach Vierzig innen, so drückte es der Schweizer Arzt und Psychoanalytiker C. G. Jung aus. Solange man der Sonne entgegengeht, fällt der Schatten hinter einen. Ist der Zenit überschritten, kommt der Schatten hervor und wird immer größer. Dann kann der Glaube relevanter werden. Mir zumindest wird der Glaube in der zweiten Hälfte meines Lebens wichtiger. Am Anfang des Lebens fällen wir Entscheidungen mit der Perspektive einer langen Zukunft. Wir finden heraus, was wir wollen, können und müssen. Ein beträchtliches Maß an Lebenszeit gibt auch eine gewisse Gelassenheit und Großzügigkeit im Umgang damit. Gerade der junge Mensch hat das Recht, erst einiges auszuprobieren, bis er erkennt, dass es nicht für alle Probleme eine Lösung gibt. Für einige gibt es nur eine Erlösung und dann kommt vielleicht Gott ins Spiel. In der Mitte des Lebens ist es vielleicht angebracht, Korrekturen vorzunehmen, den gegangenen Weg einfach noch mal in den Blick zu nehmen unter der Fragestellung »Bin ich da, wohin ich wollte?« In der ersten Lebenshälfte haben wir viele Leitplanken (nötig), um den Zug des Lebens aufs Gleis und in Fahrt zu bekommen. Eltern, die einen ins Leben führen, Kindergarten, Schule, Ausbildungsstätten sowie die Begleitung durch Freunde, Paten und Großeltern. Für die zweite Lebenshälfte gibt es solch ein Begleitprogramm nur noch bedingt. Wir können Freunde und Lebenserfahrung gesammelt haben, um zu wissen, wie Leben geht und was wir davon erwarten. Für das, was wir »außen« suchen, bekommen wir Hilfe und Lebenszeit zugebilligt. Um das, was wir »innen« suchen, müssen wir uns selbst kümmern und ich halte dies für eine nicht weniger herausfordernde Aufgabe. Dazu gehört ein Blick zurück und der kann manchmal schmerzhaft sein. Ich erkenne, nicht immer richtig entschieden zu haben und stellt fest, dass manche dieser Entscheidungen sich nicht mehr korrigieren lassen. Außerdem erscheint der nicht gegangene Weg, auf dem keine Fehler begangen und auf dem keine falschen Entscheidungen gefällt wurden, als die leider verpasste, bessere Chance. Der gegangene Weg hingegen hat seine Grenzen und Schwächen offenbart. Wie gehe ich mit dieser Erkenntnis um? Angesichts der Erfahrung, dass meinem Wissen, Können und Wollen Grenzen gesetzt sind, kann der Glaube daran, dass diese sichtbare Welt nicht alles ist, trügerische Vertröstung, aber auch echter Trost sein.

Die Kirche hat mit dem Sakrament der Beichte so etwas wie einen Werkzeugkasten entwickelt, mit dem die Rädchen des Getriebes im eigenen Leben nachjustiert werden können. Wieviel Schindluder ist damit allerdings auch betrieben worden! Wie oft hat ein gebeugter Mensch den Beichtstuhl geknickt verlassen? Die Zumutung, sich zu seinen Fehlern zu bekennen, muss immer (!) mit der Gnade der Vergebung beantwortet werden. Beichte ist Gnade und Zumutung!

Schwindet die Mitfeier des Gottesdienstes immer mehr aus dem Leben der Christen, hat die Beichte inzwischen das Schicksal ereilt, fast nur noch in den Erzählungen weiterzuleben, wie fürchterlich sie gewesen ist. Erstaunlicherweise hindert das Erwachsene nicht, Kinder im Rahmen der Kommunionvorbereitung zur Beichte zu schicken. Der Wunsch, daraus möge sich eine Praxis entwickeln, bleibt ein frommer. Die Beichte hat sich weitestgehend zu einem Sakrament für Kinder entwickelt, als ob es gerade die Gruppe der Acht- und Neunjährigen wäre, die die meisten Fehlern in unserer Gesellschaft begingen. Dabei glaube ich nicht, dass das Gefühl für die eigenen Fehler heute kleiner ist als vor Jahrzehnten. Was wohl verloren gegangen ist, ist das Bewusstsein, seine Sünden und Gott in Verbindung zu bringen. Wo das verschwunden ist, da kann auch nicht das Gefühl von Befreiung erfahren werden, wenn einem der Satz zugesprochen wird, wie ich ihn mehrfach im Jahr zu hören bekomme: »Gott, der barmherzige Vater, hat durch den Tod und die Auferstehung seines Sohnes die Welt mit sich versöhnt und uns den Heiligen Geist gesandt zur Vergebung der Sünden. Durch den Dienst der Kirche schenke er dir Verzeihung und Frieden. So spreche ich dich los von deinen Sünden im Namen des Vaters, des Sohnes und des Heiligen Geistes. Amen.«[114]

An die Institution gebunden,
nicht an Gott

Jesus verkündete das Reich Gottes, und gekommen ist die Kirche.« Dieses Zitat von Alfred Loisy, französischer Theologe und Historiker, bringt die hochgesteckten Erwartungen und die enttäuschende Wirklichkeit auf den Punkt, wenn man auf Jesus und die Gemeinschaft der Gläubigen schaut. Es macht übrigens keinen Unterschied, welche Kirche man meint. Die Diskrepanz zwischen der Botschaft Jesu und ihrer Realisierung in einer Gemeinschaft wird immer groß sein. Sie wird selbst dann nicht kleiner, wenn man als Christ keiner Kirche mehr angehört. Der einzige Vorteil ist, dass man diese Diskrepanz nicht mehr vorgeworfen bekommt.

Als ich meinen Eltern sagte, ich wolle Priester werden, da schickte mich mein Vater in den Keller, um die Abflüsse zu reinigen. Er tat dies mit den Worte: »Werde bloß nicht so ein Priester, der sich für etwas Besseres hält. Davon haben wir schon genug!« Als ich mein Studium begann und ins Priesterseminar eintrat, tat ich dies zusammen mit 39 anderen Kandidaten. Wir waren zu dritt aus einer Gemeinde diesen Schritt gegangen und ich bin mir bis heute nicht sicher, ob ich ihn alleine gemacht hätte. Der Hausleitung des Seminars oblag die schwierige Aufgabe, unsere Berufung zu prüfen und in meinem Fall kann ich sagen, dass ich alles so gesagt habe, wie man es gerne von einem Priesteramtskandidaten hört, also »Ich will Priester werden, um das Evangelium zu verkünden«, »Damit das Leben der Menschen gelingen kann« und, natürlich, »Um die Liebe Gottes zu verkünden«. Das alles stimmte irgendwie und irgendwie auch nicht. Inwiefern nicht, das sollte ich noch herausfinden.

Den Spruch von Alfred Loisy kannte ich damals natürlich schon. Aber ich lernte im Studium, dass das Wirken Jesu durch die Himmelfahrt nicht zu einem Ende gekommen sei, sondern sich seit dem Pfingstfest[115] durch den Heiligen Geist fortsetzt. Die Heilige Schrift ist das Fundament, nicht jedoch schon das fertige Gebäude. Was ich mich damals noch nicht fragte oder auch nicht fragen wollte: Wie stellt man eigentlich das Wirken Gottes in diesem Gebäude, in der Kirche fest? Erkennt das allein der Papst oder mit ihm auch einige Bischöfe? Sind die Universitäten an der Entscheidungsfindung beteiligt und welche Rolle spielt die ganze Gemeinschaft der Gläubigen bei dem Erkenntnisprozess? Die Aussage Jesu im letzten Satz des Matthäusevangeliums klingt ermutigend: »Seht, ich bin bei euch alle Tage bis ans Ende der Welt.«[116] Doch wie soll man das bitteschön in der Realität nachprüfen? Die Sakramente könnten ein Mittel dazu sein, sie sind gewissermaßen die Kommunikationsmittel der Gnade Gottes und über das Ursakrament der Taufe sagt Jesus selbst: »Wer glaubt und sich taufen lässt, wird gerettet«[117]. Wer die Taufe empfangen hat und Mitglied der Kirche ist, der hat mehr oder weniger ein Recht auf die weiteren Sakramente von Beichte, Kommunion, Firmung, Ehe und Krankensalbung. Nur in schwerwiegenden Fällen wird die Spendung verweigert. Und die Kirche ist gut beraten, bei der Spendung der Sakramente großzügig zu verfahren. Man gerät sehr schnell auf eine schiefe Ebene, wenn der Glauben erst einer Gesinnungsprüfung hinsichtlich der Rechtgläubigkeit unterzogen wird.

So großzügig, wie sich die Kirche bei der Spendung dieser Sakramente zeigt, so erstaunlich restriktiv verhält sie sich bei dem der Priesterweihe. Um es zu empfangen, bedarf es nämlich der Berufung durch Gott, die seinem Wirken in diesem

Sakrament noch einmal vorausgeht. Hier muss Gott zweimal ans Werk und hier behält sich die Kirche eine besondere Prüfung der Empfänger dieses Sakramentes vor. Eine Hinführung kennen alle Sakramente, doch nirgendwo ist die Erwartungshaltung an den Empfangenden so hoch wie bei der Priesterweihe. Wie jedoch will man dieses Wirken Gottes erkennen und prüfen?[118]

Da die Kirche ihre Strukturen in wesentlichen Teilen an die geweihten Priester gebunden hat, betet sie bei diesem Sakrament mehr als bei allen anderen um das vorausgehende Wirken Gottes in Form von Berufungen. Aber ist es nicht erstaunlich, wie sehr Gott sein Wirken an soziale Umstände bindet? In Ländern, wo ein sozialer Aufstieg mit der Weihe verbunden ist, scheint Gott Menschen eher zu berufen als anderswo. Hat die Berufung des Paulus[119] auch aus heiterem Himmel stattgefunden und wird als das Idealbild der Berufung durch Gott gesehen, so ist der Nährboden, auf dem Berufungen heutzutage wachsen, mindestens so wichtig wie das Wirken Gottes. Allerdings bindet die Kirche ihr Gebet um Berufungen von vornherein an Bedingungen: Gott wird nur Männer berufen und sie gleichzeitig berufen zur Ehelosigkeit. Wie ist das mit der Berufung durch Gott und diese beschränkenden Maßnahmen seitens der Kirche?

Das Gebet um Berufung geht zurück auf eine Aufforderung Jesu: »Da sagte er zu seinen Jüngern: Die Ernte ist groß, aber es gibt nur wenige Arbeiter. Bittet also den Herrn der Ernte, Arbeiter für seine Ernte auszusenden!«[120] Bei einer Volkskirche, der nahezu alle Menschen angehören, ist die Ernte identisch mit den Getauften und sind die Arbeiter identisch mit den Seelsorgenden. Wo diese Identität jedoch geschwunden ist, da sollte auch die Frage gestellt werden: Sind die Arbeiter wirklich nur für die Getauften da – oder sind die Getauften nicht auch längst als Arbeiter im Weinberg des Herrn zu verstehen, in dem immer mehr Menschen leben, die nicht glauben? Die Ernte sind die Menschen unserer Tage. Sollten tatsächlich nur die Geweihten zum Ernteeinsatz berufen sein, dann dürften wir wohl einer Hungersnot entgegensehen, angesichts des Mangels bei den Erntehelfern. Wenn nicht mehr nur noch die Geweihten oder die Bezahlten, sondern die Getauften sich als von Gott Gesandte verstehen sollen, dann bedeutet das ein grundsätzliches Umdenken von Strukturen und auch von Machtverhältnissen in der Kirche.

Zu welch gedanklichen Fehlkonstruktionen ein Festhalten am gewohnten Bild führt, merkt man, wenn Seelsorgestellen mangels Nachwuchs nicht mehr besetzt werden. Kommentiert wird dies oft mit den Worten: »Kirche zieht sich aus der Fläche zurück.« Kirche ist in dieser Vorstellung eine Gemeinschaft der Hauptamtlichen, nicht jedoch der Getauften. Weite Teile der Struktur und des Selbstverständnisses von Kirche hängen an diesem oft geistig überhöhten Beruf des Priesters. Trotz der dem Empfang dieses Sakramentes vorausgehenden, notwendigen Prüfungen hinsichtlich einer Berufung durch Gott, wie menschlich zeigt sich das Ergebnis oft im Alltag. Und in diesen Jahren sind wir Zeugen von Erscheinungsformen im Klerus geworden, die die Reputation dieses Berufes auf lange Zeit schwer geschädigt haben. Der Missbrauch Minderjähriger durch geweihte Männer, deren besondere Berufung zum Priestertum durch die Kirche bestätigt worden war, hat einen ganzen Berufsstand aus einer Überhöhung auf dem Boden der Tatsachen aufschlagen lassen. Ich halte es für angebracht, bei aller Wertschätzung und persönlichen Liebe zum Priestertum, realistischer an seine Erscheinungsform im Alltag heranzugehen. Zwischen einem alltäglichen Beruf und einer totalen geistlichen Überhöhung gibt es viele Wege!

Eine für die Ausbildung des Nachwuchses im Kloster verantwortliche Novizenmeisterin brachte es auf die knappe Formel: Postulantinnen[121] sind heilig, Novizinnen[122] selig, Professschwestern[123] armselig. Das gilt so uneingeschränkt wohl auch für die Priester. Welche Diskrepanz liegt zwischen dem hohen geistlichen Ideal am Anfang des Weges und der menschlichen Realität auf dem Weg.

Als ich ins Seminar eintrat und meine Gründe vorbrachte, dachte ich an diese Dinge und an diese Diskrepanz noch nicht. Meine Gründe waren auch nicht komplett falsch. Aber letztlich waren sie weder ausschlaggebend noch tragfähig. Rückblickend habe ich verstanden, dass ich mich am Anfang des Weges mehr für die Institution Kirche entschieden hatte als für Gott. Ich hatte mich an die Institution Kirche gebunden und das sogar mit guten Gründen. Dort fand ich Klarheit, Wahrheit und Sicherheit. Alles Dinge, die man nicht unterschätzen sollte. Die können von einer Institution oft eher vermittelt werden als von einer Person, selbst wenn diese Person Gott ist. Die Bindung an die Kirche hatte handfeste und spürbare Vorteile. Eine zweitausendjährige Institution vermittelt Sicherheit. Gott dagegen ist unsichtbar. Die Kirche in Deutschland gibt auch einen guten finanziellen Rückhalt. Von Gott kommen da eher nur Worte. Die Kirche verkündet Glaubenswahrheiten. Gott muss ich erst suchen. Die Hierarchie in der Kirche verteilt klare Positionen und als Priester bin ich ziemlich weit oben. Bei Gott hingegen ist eine Position gar nicht erst festzumachen. Ich war kein risikofreudiger Mensch und neben den anderen Möglichkeiten einer beruflichen Zukunft versprach die bei der Kirche also in jeglicher Hinsicht die größtmögliche Sicherheit. In meinem Falle von einer Berufung zu sprechen, fällt mir daher schwer.

Das Erwachen folgte, und zwar erst nach der Priesterweihe. Wenn ich von einem Wirken Gottes überhaupt sprechen möchte, dann wirkte er bei mir durch die Menschen in den Gemeinden. Jetzt stand ich als junger Priester auf einmal vor den Menschen und diese bekommen sehr schnell mit, ob der da vorne Erlerntes oder Erlebtes von sich gibt. Sagt er, was er gelernt hat und sagen muss, oder glaubt und sagt er, wovon er überzeugt ist? Der Glaube kommt überzeugender auf zwei Beinen als zwischen zwei Buchdeckeln daher. Was ich bis dahin zu sagen hatte, das war nichts selbst Erlebtes und Gesuchtes, sondern es war Gelerntes und Nacherzähltes. So war ich im besten Sinne ein Kleriker geworden, denn ich wusste, was ich im Namen der Kirche von mir geben sollte. Dabei ist das keineswegs schlecht, denn die Menschen haben ein Recht darauf, dass die Lehre der Kirche verkündet wird. Wirklich überzeugend wird diese Verkündigung aber erst, wenn der Verkündiger nicht nur eine Bindung an die Institution hat, sondern auch eine Beziehung zu Gott. Damit habe ich im eigentlichen Sinne erst angefangen, als ich schon Priester war und ich bin damit noch lange nicht an ein Ende gekommen.

Ein Jurist, der alle Gesetze kennt, kann ein perfekter Richter sein. Der Richter, der die Gesetze kennt und sie mit dem Herzen anwendet, hat das Zeug dazu, ein guter Richter zu werden.

Der Mediziner, der alle Behandlungsmethoden beherrscht, kann ein perfekter Arzt sein. Der Arzt, der auch ein Herz für seine Patienten hat, hat das Zeug dazu, ein guter Arzt zu werden.

Analog dazu sehe ich auch die Menschen, die in der Verkündigung des Evangeliums und der Kirche stehen: Wer die Theologie und die Lehre der Kirche kennt, der kann sie fehlerfrei verkünden. Wer jedoch seine eigene Glaubensgeschichte damit verbindet, der wird ein glaubwürdiger Verkünder. Und genau diese Glaubwürdigkeit war es, die ich bei mir vermisste, als ich auf einmal vor den Menschen stand. Die Lehre der Kirche war mir durch den Kopf gegangen, nicht aber durchs Herz, denn ich hatte mich mehr an meine Kirche gebunden, als dass ich eine Beziehung mit Gott eingegangen wäre. Ich war Kleriker der Kirche geworden, aber noch lange kein Mann Gottes und für diesen Unterschied haben die Menschen ein feines Gespür. Sie merken sehr schnell, ob der, der da spricht, Erlerntes wiederholt, ob ihm dies nur durch den Kopf oder auch durch sein Herz gegangen ist. Gott muss man suchen, die Kirche ist da. Gott ist unsichtbar, die Kirche ist sichtbar. Gott ist eine unsichere Option, die Kirche eine sichere. Gott ist vage, die Kirche konkret. Eine Kirche muss funktionieren, Gott funktioniert nicht.

Ich will aber auch eine Lanze brechen für die Kirche, mit der viele sich so schwer tun. Dass ich noch kein Mann Gottes geworden war, lag auch an der Ausbildung im Seminar, aber in erster Linie an mir. Erwartet man nicht von allen Institutionen ein gewisses oder sogar ein hohes Maß an Klarheit und Sicherheit? Vor den Schranken der Justiz müssen möglichst objektive Gesetze gelten, der Richter aber soll ein Subjekt sein. In der Schule sollten pädagogische Methoden angewendet werden, aber sie werden erst wirksam, wenn ein Lehrer sie mit dem Herzen anwendet. Ebenso erwarte ich von der Kirche als Institution, dass sie möglichst objektiv formuliert. Wer in ihrem Namen auftritt, der muss zunächst einmal die Lehre der Kirche verkünden. Das alles ist wichtig und sollte nicht übersehen werden. Nur bin ich der Überzeugung: Damit die Lehre der Kirche glaubwürdig verkündet wird, muss der Verkündigende seine Glaubensgeschichte und persönliche Beziehung zu Gott mit einfließen lassen. Die Institution kann Inhalte formulieren, doch aussprechen tut sie immer eine Person.

Ich verkündete also diese Inhalte, meine persönliche Beziehung zu Gott war aber noch mehr als ausbaufähig. Und so saß ich ziemlich genau drei Monate nach meiner Priesterweihe bei meinem geistlichen Begleiter mit der Frage: »Was mache ich mit dem Rest meines Lebens?« Ich wollte Priester werden und jetzt war ich es, hatte aber keine Vorstellung davon, was es heißt, Priester zu sein. In der Ausbildung und Begleitung wurde immer wieder davon gesprochen, aber versuchen Sie einmal, jemandem etwas beizubringen, was dieser gar nicht wissen will. Aus eigener Erfahrung fällt es mir deshalb heute schwer, solche schillernde Begriffe wie »Berufung« noch in den Mund zu nehmen. Geistlich aufgeladen und überhöht steigen sie wie Seifenblasen auf und können doch so schnell platzen. An die Wirkung des Sakramentes der Weihe glaube ich und vielleicht hat sie mich erst fragen lassen, was ich denn mit dem Rest meines Lebens, jetzt als Priester, anfangen soll? Die Antwort meines geistlichen Begleiters gebe ich hier nicht wieder – aber ich arbeite immer noch an der Umsetzung.

Rückblickend bin ich sehr dankbar für diesen Weg und habe viel Verständnis für die Menschen, die zumindest am Anfang ihres Weges ein ähnliches Verhalten an den Tag legen. Bildlich gesprochen bin ich ohne festen Grund einfach losgelaufen. Erst als ich Land erreicht hatte, habe ich mich umgedreht und mit Schrecken festgestellt, dass ich wie übers Wasser gelaufen bin. Wenn heutzutage hier und da über den Priesternachwuchs geklagt wird, er sei zu eng, zu festgelegt, zu konservativ, dann bin ich einer, der in die Klage nicht einstimmen darf, denn ich selbst war genau so.

Ich stand vor dem Nichts und hatte gedacht, ich wäre am Ziel. Doch erst diese Erfahrung hat mich zu einem suchenden Menschen gemacht, denn bis dahin war ich einer, der meinte, schon alles gefunden zu haben. Also habe ich in den folgenden Jahren immer wieder Geistliche gefragt, welchen Rat sie mir aus ihrer Erfahrung geben würden für mein Leben als Priester. Niemand gab einen praktischen Rat, alle einen geistlichen.

Prägend auf meinem Weg der Suche sollte schließlich ein Besuch in Brasilien werden. Dabei ergab sich eine Begegnung mit Erzbischof Dom Hélder Câmara[124]. Diesen Bischof um Rat zu fragen, der sich als Freund der Armen einen Namen in aller Welt gemacht hatte, kostete mich einiges an Überwindung. Nicht weil er Erzbischof war und ich Priester, sondern weil er ein ausgesprochener Anwalt der Armen war und ich befürchtete, er könnte sagen, ich solle alles den Armen geben. Ich fürchtete das wirklich ... Er blieb also stehen, nahm meine Hände in die seinen, schaute mir in die Augen und sagte: »Feiern Sie die heilige Messe mit der größten Andacht und Ehrfurcht, die Ihnen zur Verfügung steht. Nie ist Gott uns näher als in den Gestalten von Brot und Wein!« Diese Antwort hatte ich nun wirklich nicht erwartet! Sie war so ganz anders und im Nachdenken wurde mir immer deutlicher, woraus Dom Hélder die Kraft nahm, so nahe bei den Menschen zu sein. Die Eucharistie war die Kraftquelle seiner Hingabe für die Menschen. Die Verwandlung, die Wandlung aus der Messe, die fand nicht nur hinter den Türen der Kirche auf dem Altar statt, sondern setzte sich bei ihm fort in der Welt. Die Liebe und Nähe zu den Menschen war nicht eine Alternative zur Liebe und Nähe zu Gott, sondern das eine ergab sich aus dem anderen. Für mich war das eines der entscheidenden Erlebnisse auf der Suche, wie ich meinen Weg als Priester gehen sollte.

»Was mache ich mit dem Rest meines Lebens?« Gott suchen! Damit anzufangen, ist es nie zu spät, nicht einmal dann, wenn man schon Priester ist.

Nicht die Verschiedenheit trennt uns, sondern die Verschlossenheit

Wann stellt sich einem Menschen, der von Kindesbeinen an glaubt, die Frage nach der Wahrheit seiner Religion? Jede Religion vertritt einen Wahrheits- und Alleingültigkeitsanspruch. Anderen Religionen einen gleichen Stellenwert zuzubilligen, widerspricht der Logik. Die katholische Kirche hat im letzten Konzil[125] die Formulierung von den Teilwahrheiten in anderen Religionen gewählt. Da es keinen schlüssigen Beweis für das Objekt des eigenen Glaubens gibt, können Gespräche Glaubender unterschiedlicher Religionen kaum dazu führen, den Gesprächspartner von der Wahrheit der eigenen Religion zu überzeugen. Den einzelnen Gläubigen wiederum führt die Begegnung mit einer anderen Religion irgendwann unweigerlich zur Frage nach der eigenen Überzeugung. Besonders spannend können diese Überlegungen dann werden, wenn in der Familie oder im Freundeskreis unterschiedliche Religionen praktiziert werden.

Vor 25 Jahren fuhr ich mit dem Bus zu meiner Wohnung in der Gemeinde am Stadtrand von Münster. Als ich einstieg, waren noch zwei Sitzplätze frei, einer neben dem einzigen Schwarzen, der im Bus saß. Aus der spontanen Überlegung heraus, dass er nicht der einzige Mensch ohne Sitznachbar sein darf, setzte ich mich neben ihn. Er las in einem Buch und lernte deutsche Vokabeln. Der Rheinländer sucht meist nach der nächsten Möglichkeit, um ein Gespräch zu beginnen und so reichte ein kurzer Blickkontakt.

»Sie lernen Deutsch?«

»Ja.«

»Deutsch ist eine schwere Sprache!«

»Außergewöhnlich schwer!«

»Woher kommen Sie und wie lange sind Sie schon in Deutschland?«

»Ich komme aus Togo und bin seit drei Monaten hier.«

»Kennen Sie schon einige Menschen?«

»Ich kenne niemanden!«

Ein Afrikaner, der seinen ersten Winter in einem fremden Land erlebt, in dem er niemanden kennt. Wie muss so ein Mensch sich fühlen? Nach wenigen Minuten stieg er aus, nicht jedoch ohne meine Adresse, verbunden mit der Einladung, sich einmal zu melden. Alaza, so sein Name, fuhr schon Weihnachten mit zu meiner Familie und wurde bald wie das vierte Kind unserer Eltern behandelt. Nun ist Alaza praktizierender Moslem, der die Vorschriften seines Glaubens aus Überzeugung einhält. Daher wird bei allen Mahlzeiten Rücksicht darauf genommen oder er auf Gerichte hingewiesen, die nicht seinen religiösen Vorschriften entsprechen. Auch bei allen kirchlichen Familienfeiern, ob Beerdigung oder Erstkommunion, Firmung oder Pfarreinführung, immer saß er in der ersten Reihe als Teil der Familie und als ein betender Mensch. Die verschiedenen Religionen trennen uns weniger, als der Glaube an eine unsichtbare Welt uns verbindet. Jeder sucht in seiner Tradition und wohl auch in seiner Kultur nach Gott. Diese Suche ist ein verbindendes Element und ein tragender Pfeiler für die Freundschaft zwischen Alaza und seiner deutschen Familie. Die unterschiedlichen Wege, die wir in unseren Religionen gehen, sind weniger trennend, als dass Gott uns als das gemeinsame Ziel unseres Suchens verbindet. Die Wahrheitsfrage nach dem »wahren« Gott, der »echten« Offenbarung oder dem »richtigen« Weg beantworten wir nicht in Abgrenzung voneinander. Letztendlich haben wir uns nur auf eins geeinigt:

Wir glauben, dass es einen gnädigen und guten Gott gibt. Wir suchen ihn, wir verehren ihn und sind bestrebt, unser Leben nach seinem Willen zu gestalten und in einen Himmel, in den der eine nicht darf, möchte der andere auch nicht. Wie Gott das machen wird, das überlassen wir getrost ihm. Wer jetzt sagt, das seien sehr menschliche Vorstellungen, dem können wir nur erwidern, dass wir uns auch keine anderen von Gott machen können und es allein deswegen schon sehr spannend sein wird, ihm zu begegnen.

Inwieweit verleitet eine solche Haltung und Sichtweise jedoch dazu, allen Religionen und Konfessionen dieselbe Gültigkeit zuzubilligen auf dem Wege zum ewigen Leben? In der katholischen Kirche wurde über die Jahrhunderte ein Satz von Cyprian von Karthago[126] tradiert: »Extra ecclesiam nulla salus« – »außerhalb der Kirche gibt es kein Heil«. Zu allen Zeiten wurde dieser Satz in der Kirche diskutiert, insofern er verstanden werden kann als Aussage, dass alle Menschen, die nicht zur katholischen Kirche gehören, vom ewigen Heil ausgeschlossen sind. Ein solcher Gedanke hat für die Mitglieder einer Gemeinschaft etwas sehr Beruhigendes, spricht er doch von einer großen, wenn nicht sogar einer sicheren Heilsgewissheit. Die folgende Erzählung greift diese Vorstellung auf: »Ein Mann kommt in den Himmel und Petrus führt ihn überall herum. Bei diesem Rundgang gehen sie mehrfach an einer Türe vorbei, ohne dass Petrus sie öffnet. Darauf angesprochen bekommt der Mann die Antwort, dahinter lebten die Katholiken. Man ließe sie in ihrem Glauben, sie wären alleine im Himmel.« Wer sich jedoch auf ein Gespräch mit eher fundamentalistisch denkenden Gläubigen verschiedener Religionen einlässt, der wird schnell merken, dass diese Vorstellung nicht allein Katholiken vorbehalten ist. Mehr als einmal wurde mir ein Platz in der Hölle quasi garantiert, nur weil ich Katholik bin. Jede Religion wandelt auf dem schmalen Grat, ihren Mitgliedern eher gewisse Sicherheiten oder Vorrechte fürs Jenseits anbieten zu wollen als eine gewisse Argumentationshilfe bei der Entscheidung.

Warum Sakramentenempfang und Gottesdienstbesuch, wenn das an der Paradiesespforte nicht mehr ins Gewicht fällt? Welche Überzeugungskraft hat ein Glaube noch, wenn nicht nur verschiedene Wege nach Rom, sondern am Ende alle Wege in den Himmel führen? Manche Erzählung greift dieses Fragestellung auf humorige Art und Weise auf: »Ein Deutscher kommt an die Himmelspforte, doch Petrus findet ihn nicht auf der Liste. Der Mann versteht das nicht, habe er doch ein Leben lang Kirchensteuern bezahlt. Diesen Fall gab es noch nicht und Petrus geht zum Herrn, um sich mit ihm abzusprechen. Als er zurückkommt an die Pforte, kann er dem Mann sagen, dass sich alles geklärt habe. Er bekomme sein Geld zurückerstattet.«

In meinen Kindertagen wurden Heiraten zwischen den Konfessionen als sogenannte Mischehen bezeichnet und bei Trauerbesuchen wird heute noch davon erzählt, dass nicht selten einer der beiden Partner konvertieren musste, damit sie heiraten konnten. Ich habe vor wenigen Jahren noch erlebt, dass mein Sprechen von einer »konfessionsverbindenden Ehe« amtlicherseits korrigiert wurde mit dem Hinweis, es handle sich um eine »konfessionsverschiedene Ehe«. Die Annäherung der unterschiedlichen Kirchen, die lange in konfessionell geschlossenen Gesellschaften nebeneinander existierten, ist auch das Ergebnis einer veränderten gesellschaftlichen Situation. Ökumene verdankt sich leider nicht nur der Überzeugung, sondern manchmal auch der Notwendigkeit. Das bisher Fremde wird ein Teil meiner Welt und stellt das Bisherige durch seine Gegenwart in Frage. Warum katholisch, wenn es auch evangelisch gibt? Auf Annäherung folgt nach gewisser Zeit, wie ein natürlicher Reflex, auch Abgrenzung oder bewusste Profilierung. Was ist das Eigene und wie macht man das seinen Mitgliedern deutlich? Dort, wo ganze Länder die Reformation im 16. Jahrhundert übernahmen, brauchte man am äußeren Erscheinungsbild der Gottesdienste kaum etwas verändern. Wer heute in eine schwedische oder anglikanische Kirche geht, der muss sich theologisch schon einigermaßen auskennen, um den Unterschied zum katholischen Gottesdienst zu erkennen, es sei denn, eine Frau zelebriert ihn. Bei enger Nachbarschaft der Konfessionen räumten die einen ihre Kirchen leer und im Gegenzug zeigten die anderen, wie viel man im Barock an Altären und Figuren so in eine Kirche hineinbekommen kann. Die theologischen Differenzen sind bis auf den heutigen Tag im Verständnis der meisten Gläubigen kaum angekommen und wo sie zum Streitthema werden, ernten sie Kopfschütteln.

Durch den Zuzug von Menschen nicht nur anderer Konfessionen, sondern auch anderer Religionen stellt sich die Frage nach der eigenen Überzeugung noch einmal verschärft, besonders, wenn zur selben Zeit viele Menschen die Mitgliedschaft in der eigenen Kirche aufkündigen. Gleichzeitig wird deutlich, wie sehr dieselbe Religion in verschiedenen Kulturen unterschiedliche Ausformungen annimmt. Nicht nur Muslime leben ihren Glauben in den verschiedenen Kulturen unterschiedlich aus, dasselbe gilt auch für Christen. Im Bekenntnis des Glaubens sind sich die Katholiken auf allen Kontinenten einig, doch das Erscheinungsbild der Ortskirchen kann sehr unterschiedlich ausgeprägt sein. In der einen anglikanischen Ortskirche können Frauen Priesterin oder sogar Bischöfin werden, in der anderen nicht. Gerade die unterschiedliche Stellung der Geschlechter oder die Akzeptanz verschiedener sexueller Neigungen macht deutlich, wie sehr auch weltumspannende Religionen geprägt sind durch lokale gesellschaftliche und kulturelle Gegebenheiten. Konflikte und Spaltungen zwischen Reformern und Bewahrern entzünden sich eher an solchen Fragen denn an zentralen Aussagen des Glaubens(bekenntnisses) und machen deutlich, wie groß auch kulturelle Einflüsse auf Religionen sind. Religionen und Kulturen ergänzen und bereichern einander, sind aber nicht deswegen schon unbedingt identisch.

Die Reaktionen auf das Erleben des Islams in einer bis dahin christlich geprägten Gesellschaft sind unterschiedlich. Selbst Nichtchristen halten auf einmal Kirchen, religiöse Feste und Symbole hoch. Weniger jedoch als Zeichen einer Überzeugung, sondern als Ausdruck kultureller Prägung. Man greift auf Symbole einer Religion zurück, an deren Inhalte man immer weniger glaubt und sieht darin Argumente gegen den Glauben anderer Menschen. Für mich ist es nicht erstaunlich, dass praktizierende Christen weniger Probleme haben mit der Praxis anderer Religionen als kirchenferne Menschen. Wer weiß, was er glaubt und eine eigene Überzeugung hat, der hat weniger Angst vor der Überzeugung anderer und muss sich nicht verschließen. Vielfalt ist für Überzeugte nicht gefährlich. Gläubige Menschen aller Religionen, die von ihrer Glaubensgemeinschaft eine Sicherheit erwarten, die keine Religion ehrlicherweise versprechen kann, neigen in ihrer Unsicherheit zu Fundamentalismus. Sie verschließen nicht nur Augen und Ohren vor dem Fremden, sondern auch das Herz vor dem anderen und das Hirn vor dem Denken. Verschlossenheit ist gefährlicher als Verschiedenheit! Bei aller Überzeugung für ihren Glauben sollten Menschen nicht vergessen, dass ihr Glaube der Ausdruck ihrer Suche nach Gott ist, der durch die Diskriminierung oder Verfolgung anderer weder glaubwürdiger noch überzeugender wird.

Die Begegnung mit anderen Religionen führt im besten Sinne auch zu einer neuen Begegnung mit der eigenen, denn man kann sich in den Augen der anderen neu entdecken. Was weiß ein Engländer von England, wenn er nur England kennt?

Was weiß ein Christ vom Christentum, wenn er nur das Christentum kennt? Für das eigene Selbstverständnis und die Verkündigung kann es nur gut sein, wenn man weiß, dass es Alternativen gibt und wie man auf Andersdenkende wirkt. Der ehemalige tschechische Marxist und spätere Christ Milan Machovec[127] forderte aus eigener Erfahrung dazu auf, sich selber mit den Augen des Andersdenkenden zu sehen. Wer an Gott glaubt und davon überzeugt ist, im Zimmermannssohn Jesus aus Nazareth dessen Sohn erkannt zu haben, der sollte zumindest eine Ahnung davon haben, wie dieser Glaube auf all die Menschen wirkt, die an andere Götter oder gar nicht glauben. Kennen wir bei aller Überzeugung eine Außensicht auf uns? Wissen wir noch, wie wir wirken? Aus der Feder des Cartoonisten Martin Perscheid stammt die Karikatur eines Mannes, der vor einem Kreuz kniet und betet: »Lieber Gott, bitte heile meinen Sohn von seiner Wahnvorstellung, einen imaginären Freund zu haben! Amen.« Die Bemühungen der Christen und der Kirche, den Glauben zu verkünden, werden es zukünftig in unserer Gesellschaft immer schwerer haben, wenn wir nicht realisieren, wie fremd die Menschen uns und wir ihnen möglicherweise geworden sind. Schon im 19. Jahrhundert wies der Religionswissenschaftler Friedrich Max Müller darauf hin, dass, wer nur eine Religion kennt, keine kennt. Wachsende religiöse Pluralität, die in unseren Tagen mit einer gleichzeitig wachsenden Nichtreligiosität daherkommt, führt zu Abgrenzungsneigung – wie wir sie in der politisch-gesellschaftlichen Entwicklung sehen – oder Erkenntnisgewinn angesichts ähnlicher theologischer Probleme und Inhalte.

»Wenn ihr betet,
sollt ihr nicht plappern ...«

Mit dem Gebet hat es begonnen und damit soll es auch schließen. Gebet ist Kommunikation zwischen Mensch und Gott. Wenn Gott als Gegenüber auch von einer nicht zu berechnenden Zuverlässigkeit zu sein scheint, so ist er doch für den Glaubenden derjenige, der vor allem war und nach allem sein wird und zu dem er in Beziehung tritt.

Ich gehöre zu der Generation, die mit »Don Camillo und Peppone«-Filmen aufgewachsen ist. Zwischen 1952 und 1965 wurden sie in Brescello in der Po-Ebene gedreht. Don Camillo, der Pfarrer des kleinen Ortes, hat eine lebendige Beziehung zu Jesus Christus, konkret zu dem Gekreuzigten in seiner Pfarrkirche. Don Camillo feiert die Messe und betet das Brevier, doch ansonsten spricht er mit Jesus in seiner Alltagssprache.

Die Kirche hat für ihre liturgischen Feiern eine theologischformale Sprache entwickelt. Es ist die offizielle Sprache der Kirche, in der sich der Glaube und eine Theologie aus Jahrhunderten in liturgischen Formen und Formulierungen manifestiert haben. Im Ergebnis klingen diese Gebete in vielen Fällen auch formal und formelhaft. Solange diese Gebete auf Latein gesprochen wurden, fiel dies nicht auf, da nur wenige sie verstanden. Die Einführung der Muttersprache in die Liturgie hat nicht zwangsläufig zu größerer Verständlichkeit des gesprochenen Wortes geführt. Viele Gebet offenbaren erst beim Nachdenken und Durchdringen eine geistige und geistliche Tiefe, doch bleibt dafür innerhalb der Feier oft nicht die notwendige Zeit. Diese offiziellen Gebete werden im Namen Jesu Christi durch den Heiligen Geist an Gott den Vater gerichtet: »Darum bitten wir durch Jesus Christus, deinen Sohn, unseren Herrn und Gott, der in der Einheit des Heiligen Geistes mit dir lebt und herrscht in alle Ewigkeit. Amen.« Diese theologisch korrekte Formulierung kommt nicht unbedingt alltagstauglich daher. Doch das muss sie auch nicht, denn so betet die Kirche als Gemeinschaft in ihren Feiern, aber so betet nicht der einzelne Gläubige. Das redliche Bemühen, aus den theologisch richtigen, sprachlich aber schwer nachvollziehbaren Texten für die Mitfeiernden etwas Verständliches zu machen, geht nicht selten auf Kosten von beidem: sprachlicher Form und theologischer Aussage. So gibt es heutzutage die ganze Bandbreite an Ausdrucksformen in den Feiern der Kirche zu hören, zwischen einem Recht und Anspruch auf Sprache und Theologie der Kirche und einem Bemühen um Verständlichkeit und Lebensnähe. Was in den gemeinschaftlichen Feiern seinen Sinn und seine Berechtigung hat, das erübrigt sich im Gebet des Einzelnen. Welches private Gebet wird wohl einer theologischen Prüfung standhalten? Was im Gebet der Kirche erwartet werden kann, das muss im Privaten nicht der entscheidende Maßstab sein.

Don Camillo betet nicht theologisch. Er unterhält nicht nur eine lebendige Beziehung zu Jesus Christus am Kreuz, er unterhält sich mit ihm auch höchst lebendig und unterhaltsam. Der, zu dem Don Camillo immer aufschaut, ist sein bester Freund und der Gekreuzigte, der zu ihm hinabschaut, antwortet ihm auf Augenhöhe. Da gibt es keine Hierarchie, wohl aber eine Ehrfurcht. Trotz der innigen Freundschaft ist dieser doch Mensch und jener ist Gottes Sohn. Don Camillo redet dennoch mit Jesus so, wie ihm der Schnabel gewachsen ist. Er diskutiert, feilscht und ringt. Don Camillo widerspricht, fragt nach, versucht zu seinen Gunsten auszulegen. Wenn es eine Prügelei gibt, dann versteckt er hinter seinem Rücken den

Knüppel so, als könnte ihn Jesus nicht sehen und auf die Frage, wo er damit hin wolle, erfährt der Gekreuzigte, dass Schläge mit diesem Knüppel kaum weh täten. Don Camillo ringt mit diesem Jesus und der ist sein ständiger Begleiter, in allen Lebenslagen und bei allen Entscheidungen. Als der kommunistische Bürgermeister Peppone in der Sorge um sein krankes Kind mit einer großen Kerze kommt, weigert er sich, diese vor dem Kreuz zu entzünden. »Nicht vor dem!« Die Kerze sei für Maria, denn sie sei eine aus dem Volk. Diese Bemerkung verletzt Don Camillo mehr als Jesus, aber er ist ein zu guter Seelsorger, um dies zum Thema zu machen. Mit Eltern, die um das Leben eines Kindes bangen, führt man keine theologischen Gespräche. Am nächsten Tag kommt Don Camillo jedoch mit einer noch größeren Kerze. Sie sei eine Entschuldigung von Peppone für seine gestrige Bemerkung, behauptet er, und stellt die Kerze vor das Kreuz. Jesus weiß, dass Don Camillo die Unwahrheit sagt und Don Camillo weiß, dass Jesus es weiß. Dennoch gelingt die Kommunikation zwischen allen: Peppone, Maria, Don Camillo und Jesus.

Als Don Camillo zur Strafe in ein Bergdorf versetzt wird, spricht Jesus nicht mehr mit ihm. Ein anderes Kreuz hängt dort in der neuen Pfarrkirche hoch oben in den Bergen. Dieser Gekreuzigte spricht nicht mehr mit ihm und Don Camillo leidet unsäglich darunter, nicht mehr die Stimme seines Freundes zu hören. Eines Nachts, bei einem fürchterlichen Unwetter, bricht er in seine alte Kirche ein und stiehlt das Kreuz. Mit einem Lastwagen bringt Peppone es in die Berge. Das letzte Stück schleppt Don Camillo das Kreuz bei einem Schneesturm immer weiter bergauf und bricht schließlich darunter zusammen. Als er im Schnee zu erfrieren droht, spricht Jesus auf einmal wieder zu ihm und ermuntert ihn weiterzugehen. In dem Moment beginnt der Dialog zwischen den beiden erneut und Don Camillo wird klar, dass Jesus immer mit ihm gesprochen hat, doch er hatte aus Enttäuschung über die Versetzung in ein Bergdorf seine Stimme nicht mehr hören können. Wie oft ergeht es uns ähnlich, wenn wir hadern, dass unsere Gebete nicht »erhört« wurden, Gott nicht zu uns spräche?

Wenn die Gemeinde sich als Glaubensgemeinschaft versammelt, dann hat sie ein Recht darauf, dass die Sprache der an Gott gerichteten Gebete zumindest die nachvollziehen können, die das wollen. Wer etwas verstehen will vom Geheimnis des Glaubens, von dem darf man aber auch etwas verlangen an geistiger Anstrengung. Ein reiner Ritualismus verhindert das notwendige Mitdenken und eine belanglose Alltagssprache kann theologischen Texten jeglichen Nährwert entziehen. In der Liturgie der Kirche sollten auch die Erkenntnisse von zweitausend Jahren anklingen und nicht nur die der Vorbetenden. Ritus kann lebendig sein, aber Routine ist tödlich. Der Gottesdienst ist weder magischer Zauber noch alltägliches Geschehen. Gottesdienst ist Feier eines Mysteriums.

Im persönlichen Gebet gibt es jedoch keinerlei Leitplanken. Die theologische Richtigkeit wird bei Gott nicht die Richtschnur sein, an der er ein Gebet messen wird, sondern die Liebe und Hingabe, mit der es vorgetragen wird. Bekennen wir uns mit jedem Kreuzzeichen zum dreifaltigen Gott im Namen des Vaters und des Sohnes und des Heiligen Geistes, so werden die meisten Menschen an dem Erklärungsversuch dieser theologischen Aussage voraussichtlich nicht nur scheitern, sondern sich wahrscheinlich sogar schnell außerhalb der Lehre der Kirche befinden. Doch ich vertraue darauf, dass die Dreifaltigkeit die an sie gerichteten Gebete der Gläubigen trotzdem richtig zuordnen wird. Wenn auch die Kirche in Verantwortung vor den Erkenntnissen derer, die bisher in ihr gelebt, geglaubt und Gott gesucht haben, theologisch denken und beten muss, haben die einzelnen Gläubigen da erheblich mehr Spielraum im persönlichen Gebet. So hat beides an seinem Platz einen Sinn und eine Berechtigung. Ein Inhalt bedarf einer äußeren Form und eine äußere Form gibt einer Gemeinschaft einen inneren Zusammenhalt. So wie der Habit einer Ordensgemeinschaft das äußere Zeichen einer gemeinsamen Überzeugung ist, diese unterstützt und trägt, so darf das Äußere nicht an die Stelle des Inhaltes treten. Die Kirche ist ständig herausgefordert, ihre Tradition in eine verständliche und dem Leben der Menschen dienliche Sprache zu bringen, ohne allerdings den Inhalt zu verfälschen oder gar zu verlieren. Diese dann auch verständlich und nachvollziehbar vorzutragen, ist die tägliche Herausforderung derer, die die Gebete dann im Namen der Gemeinde vortragen. Dasselbe gilt für die Riten. Wer einen Ritus erst erklärt, hat ihn selber nicht verstanden und wird ihn wahrscheinlich nicht richtig vollziehen. Wer erst erklärt, was er mit seinem Kuss dem anderen sagen möchte, der sollte es besser bleiben lassen, denn es wird eine Enttäuschung.

Nach einem Besuch mit einer Gruppe von Firmlingen im Alter von 16 Jahren bei der monastischen Gemeinschaft von Jerusalem[128] in Paris meinten einige Jugendliche, sie könnten kein Französisch und sie hätten kein Wort verstanden, doch wenn die Schwestern und Brüder sich im Gottesdienst verneigten, dann hätte man sehen können, dass sie dies vor Gott tun.

Und wie bete ich? Mein Beten als Priester ist seit Jahrzehnten ein Versuch, es in Andacht, Ehrfurcht und Konzentration zu tun vor Gott und in Gemeinschaft mit den Anwesenden. Als Christ kenne ich die an den Tagesablauf angepassten Gebete vom Morgen bis zum Abend: am Morgen eher bemüht, bei Tisch gelernt und am Abend rückblickend. Das Geläut der Glocken am Morgen, Mittag und Abend erinnert mich an das traditionelle Gebet des ›Engel des Herrn‹. Und auch wenn ich angesichts einer Todesgefahr nicht um meine Rettung gebetet habe, so bringe ich doch eigene und fremde Anliegen bittend vor Gott. Fehlen darf nicht die tägliche Zeit der Stille. Sie ist das Gebet ohne Worte, in der ich bei ihm bin, allein, weil er ist.

Nachwort

Der portugiesische Schriftsteller Fernando Pessoa beginnt sein großes Opus »Das Buch der Unruhe« mit dem Satz: »Ich wurde zu einer Zeit geboren, in der die Mehrheit der jungen Leute den Glauben an Gott aus dem gleichen Grund verloren hatte, aus welchem ihre Vorfahren ihn hatten – ohne zu wissen warum.« Der Glaube hat seine Notwendigkeit zur Erklärung der Welt verloren. Wissenschaft und Forschung lieferten immer wieder Lösungen für Probleme des Lebens für die früher die Religion dienlich war und mit dieser Entmystifizierung verlor der Glaube Schritt für Schritt an Bedeutung. Solange die Kirchen Volkskirchen waren, fand dieser Prozess im Verborgenen statt. Als er an der äußeren Gestalt der Kirchen erkennbar wurde, ging es zunächst darum, die Kirche als sichtbares Zeichen des Glaubens vor dem Verfall zu bewahren. Doch der Prozess der Erosion des Glaubens scheint unaufhaltbar. Im Gegensatz zu einer Kirchenmitgliedschaft ist Glaube nicht messbar, schließlich sind Glaube oder Atheismus nicht immer scharf voneinander zu trennen. Albert Camus sagte einmal, dass er nicht an Gott glaube, aber dennoch kein Atheist sei. Er drückte damit aus, wie es wohl immer mehr Menschen empfinden. In einem endlichen, scheinbar zufälligen und auf jeden Fall widersprüchlichen Leben ist der Glaube an etwas Göttliches zumindest eine Möglichkeit, mit diesen Erfahrungen umzugehen. Auf dem Markt der Möglichkeiten ist der Glaube an Jesus Christus inzwischen allerdings nur noch eine Option unter anderen. Von der Heilsgewissheit vergangener Tage ist ein bescheidener Glaube übrig geblieben. Wird

Gott nur situativ in Anspruch genommen, erweist er sich als Lückenbüßer für kognitive Schwachstellen und selten als tragfähig oder wirklich belastbar. Als verlässliche Größe kann er kaum mehr vermittelt werden. »Wir brauchen eine Theologie der Krise, die in der Brüchigkeit der menschlichen Erkenntnis und unserer Zivilisation jenem Wehen des Heiligen Geistes lauscht, das uns erkennen und sagen lässt, wie uns Gott fehlt. Denn anders werden wir den Gottesglauben nicht mehr zur Sprache bringen können.«[129] Gott ist weder zu begreifen noch in den Griff zu bekommen! Wer sich ihm mit dieser Absicht nähert, der läuft Gefahr, am Ende mit leeren Händen dazustehen. Gott ist auch kein Rätsel, das der Mensch zu lösen hat, sondern er ist ein Geheimnis. Vielleicht ist dieses Geheimnis aber die Lösung für die Rätsel meines Lebens, das ich als liebes- und erlösungsbedürftig erlebe. Gott ist nie Besitz, sondern immer ein zu Suchender, bis zum Ende des Lebens, an dem die Begegnung mit ihm auf mich wartet.

Dietrich Bonhoeffer schrieb am 30. April 1944, also knapp ein Jahr vor seiner Hinrichtung, aus Tegel an den evangelischen Pastor Eberhard Bethge folgende Zeilen:

»Oft frage ich mich, warum mich ein ›christlicher Instinkt‹ häufig mehr zu den Religionslosen als zu den Religiösen zieht, und zwar durchaus nicht in der Absicht der Missionierung, sondern ich möchte fast sagen ›brüderlich‹! Während ich mich den Religiösen gegenüber oft scheue, den Namen Gottes zu nennen, – weil er mir hier irgendwie falsch zu klingen scheint und ich mir selbst etwas unehrlich vorkomme, (besonders schlimm ist es, wenn die anderen in religiöser Terminologie zu reden anfangen, dann verstumme ich fast völlig und es wird mir irgendwie schwül und unbehaglich) – kann ich den Religionslosen gegenüber gelegentlich ganz ruhig und wie selbstverständlich Gott nennen. Die Religiösen sprechen von Gott, wenn menschliche Erkenntnis (manchmal schon aus Denkfaulheit) zu Ende ist oder wenn menschliche Kräfte versagen – es ist eigentlich immer der deus ex machina, den sie aufmarschieren lassen, entweder zur Scheinlösung unlösbarer Probleme oder als Kraft bei menschlichem Versagen, immer also in Ausnutzung menschlicher Schwäche bzw. an den menschlichen Grenzen.«

Der Glaube ist Teil der Biographie. In ihr darf und sollte er sich aber auch entwickeln. Es wäre schön, wenn die Kirche da wie ein Geburtshelfer in Sachen Glauben fungiert. Als Gemeinschaft der Glaubenden soll sie über den ganzen Inhalt des Glaubens wachen und nicht so sehr über den Glauben des Einzelnen. Sie ist die große Bibliothek, in der jeder ein Buch ist, in dem seine lebenslange Suche nach Gott niedergeschrieben ist.

Immer wieder betet die Kirche darum, dem wahren Glauben ein beständiges Wachstum zu schenken. Wenn dieser Glaube in jedem ihrer Teile, das heißt ihrer Mitglieder wächst, dann wächst er so auch in der Gemeinschaft, die damit auch sagt, dass weder der Einzelne noch alle zusammen an ein Ende kommen im Suchen und Wachsen.

»Barmherziger Gott, das Sakrament der Erlösung, das wir empfangen haben, nähre uns auf dem Weg zu dir und schenke dem wahren Glauben beständiges Wachstum. Darum bitten wir durch Christus, unseren Herrn.«[130]

Anhang

Das große Glaubensbekenntnis

Wir[131] glauben an einen Gott,
den Vater, den Allmächtigen,
der alles geschaffen hat, Himmel und Erde,
die sichtbare und die unsichtbare Welt
Und an den einen Herrn Jesus Christus,
Gottes eingeborenen Sohn,
aus dem Vater geboren vor aller Zeit:
Gott von Gott,
Licht vom Licht,
wahrer Gott vom wahren Gott,
gezeugt, nicht geschaffen,
eines Wesens mit dem Vater;
durch ihn ist alles geschaffen.
Für uns Menschen und zu unserem Heil
ist er vom Himmel gekommen,
hat Fleisch angenommen
durch den Heiligen Geist von der Jungfrau Maria
und ist Mensch geworden.
Er wurde für uns gekreuzigt unter Pontius Pilatus,
hat gelitten und ist begraben worden,
ist am dritten Tage auferstanden nach der Schrift
und aufgefahren in den Himmel.
Er sitzt zur Rechten des Vaters
und wird wiederkommen in Herrlichkeit,
zu richten die Lebenden und die Toten;
seiner Herrschaft wird kein Ende sein.
Wir glauben an den Heiligen Geist,
der Herr ist und lebendig macht,
der aus dem Vater und dem Sohn hervorgeht,
der mit dem Vater und dem Sohn angebetet und verherrlicht
wird,

der gesprochen hat durch die Propheten,
und die eine, heilige, katholische und apostolische Kirche.
Wir bekennen die eine Taufe zur Vergebung der Sünden.
Wir erwarten die Auferstehung der Toten
und das Leben der kommenden Welt.
Amen.

Das apostolische Glaubensbekenntnis

Ich glaube an Gott,
den Vater, den Allmächtigen,
den Schöpfer des Himmels und der Erde.
Und an Jesus Christus,
seinen eingeborenen Sohn, unsern Herrn,
empfangen durch den Heiligen Geist,
geboren von der Jungfrau Maria,
gelitten unter Pontius Pilatus,
gekreuzigt, gestorben und begraben,
hinabgestiegen in das Reich des Todes,
am dritten Tage auferstanden von den Toten,
aufgefahren in den Himmel;
er sitzt zur Rechten Gottes,
des allmächtigen Vaters;
von dort wird er kommen,
zu richten die Lebenden und die Toten.
Ich glaube an den Heiligen Geist,
die heilige katholische Kirche,
Gemeinschaft der Heiligen,
Vergebung der Sünden,
Auferstehung der Toten
und das ewige Leben.
Amen.

Anmerkungen

1   In seinem biografischen Werk »What I believe« (2006) erklärt Sir Anthony Kenny, dass die einzig argumentativ vertretbare Haltung zur Gottesfrage jene des Agnostizismus sei. Der Atheist verkürze das Problem, indem er es schlicht ignoriere und allein schon die Frage als »falsch« oute. Der Theist hingegen konstatiere ein Wissen von Gott, das über das Ziel vertretbarer Argumente hinausschieße. Kenny wurde 1955 in Rom zum Priester geweiht. Acht Jahre später schied er aus dem Amt aus und wurde später Professor an der Universität von Oxford.

2   Das Leben des Brian, England 1979, Komödie

3   Hilde Domin, 1909–2006, deutsche Schriftstellerin und Lyrikerin

4   Hebräer 11,1. In der neuen Einheitsübersetzung heißt es: »Glaube aber ist: Grundlage dessen, was man erhofft, ein Zutagetreten von Tatsachen, die man nicht sieht.«

5   Hilf Maria, es ist Zeit, Mutter der Barmherzigkeit! Du bist mächtig, uns in Nöten und Gefahren zu erretten. Denn wo Menschenhilfe bricht, mangelt doch die deine nicht. Nein, du kannst das heiße Flehen deiner Kinder nicht verschmähen. Zeige, dass du Mutter bist, wo die Not am größten ist! Hilf Maria, es ist Zeit, Mutter der Barmherzigkeit!

6   Matthäus 18,3

7   Nasreddin Hodscha ist der Name des prominentesten Protagonisten humoristischer prosaischer Geschichten aus dem 13./14. Jahrhundert aus dem türkisch-islamischen Raum. Seine historische Existenz ist nicht gesichert.

8   Thomas Mann, Joseph und seine Brüder, Roman-Tetralogie geschrieben zwischen 1926–1943

9   siehe Anmerkung 7

10   Matthäus 5,43–45

11   »Zweifel ist kein angenehmer Zustand, doch Gewissheit ist ein lächerlicher« Voltaire 1694–1778

12   Johannes 1,18b

13   Die Simpsons, Staffel 4, Folge 3

14 Die Simpsons, Staffel 9, Folge 14

15 siehe Anhang

16 Andras Knapp, Priester und Dichter, in »Beim Anblick eines Grashalms« (Echter, Würzburg 2017)

17 Heinrich Böll, 1917–1985, Schriftsteller, Nobelpreis 1972

18 Röm 7,18–21

19 Rosamunde Pilcher, geb. 1924, gilt als Meisterin der Liebesschnulze und Trivialliteratur

20 1 Johannes 4,7+8

21 Nicolas Gomez Davila, 1913–1994, kolumbianischer Philosoph

22 Romano Guardini: Theologische Gebete, Verlag Josef Knecht, Frankfurt am Main 1944.

23 Wenn ich »er« schreibe, dann nur, um mich dem gewohnten Sprachmodus anzuschließen, nicht, um damit Gott als Mann zu bezeichnen.

24 Thomas Keating, 1923–2018, amerikanischer Trappist und katholischer Priester

25 Dietrich Bonhoeffer, 1906–1945, Theologe

26 Genesis 1,1–2,3

27 Genesis 2,17

28 2 Samuel 11

29 1 Könige 17 ff

30 1 Könige 19,4

31 Jona 1–4

32 Matthäus 13,1–13

33 Markus 6,5

34 Johannes 19,26

35 Lukas 22,24

36 Tenzin Gyatso, geboren 1935 in Tibet, 14. Dalai Lama

37 Roman Cécile, 1884–1886

38 Herr Luca, 80 Tage auf der Welt: Ich bin tot. Na und ?!, Verlag Henselowsky Boschmann

39 FAZ vom 19. 08. 2018

40 Lukas 2, 22–40

41 Stephen Hawking 1942–2018, Physiker und Astrophysiker

42 Markus 10,46–52

43 Markus 2,1–12

44 Markus 5,21–43

45 Markus 2,6b+7

46 Markus 2,9–11

47 siehe Anhang

48 Johannes 20,11–18

49 Lukas 24,13–35

50 Lukas 24,36–49

51 Johannes 20,24–29

52 Johannes 21,1–14

53 Johannes 21,12

54 J. W. von Goethe, Faust 1. Teil

55 Matthäus 14,13–21

56 Matthäus 8,23–27

57 z. B. Matthäus 8,5–13 Heilung des Knechtes eines römischen Offiziers

58 z. B. Lukas 7,11–15 Jüngling zu Nain

59 Johannes 6,1–10

60 Johannes 6,14+15

61 Johannes 8,1–11

62 Lukas 19,1–10

63 Lukas 7,36–50

64 Matthäus 9,12+13

65 Matthäus 18,22

66 Johannes 14,2+3

67 Markus 10,40

68 Lukas 16,25

69 1 Korinther 13,12

70 Exodus 21,24

71 Matthäus 5,38–48

72 Thomas von Aquin, 1225–1274, Theologe und Philosoph

73 Karl Rahner, 1904–1984, Theologe

74 Vicco von Bülow, 1923–2011, Humorist, Karikaturist, Regisseur und Schauspieler

75 Matthäus 3,13 / Markus 1,9 / Lukas 3,21 / Johannes 1,29

76 Matthäus 3,17

77 Markus 12,29–31

78 Deuteronomium 6,4f

79 Levitikus 19,18

80 Exodus 21,23–25

81 Matthäus 5,38–39

82 Lukas 6,27–38

83 Johannes 1,14

84 1 Johannes 4,7–12

85 Victor Hugo, 1802–1885, französischer Schriftsteller, in: Les Misérables

86 Matthäus 16,25

87 1 Korinther 13,13

88 Philipper 2,3+4

89 Matthäus 16,25

90 Leider konnte die Quelle dieses Textes trotz Zuhilfenahme des Internets nicht gefunden werden

91 Peter Sloterdijk, geb. 1947, Philosoph und Kulturwissenschaftler

92 Eckart von Hirschhausen, geb. 1967, Mediziner, Kabarettist, Moderator

93 Lukas 26,26–28

94 Matthäus 14,15–21

95 Da die Kinder nur die Kommunion in der Gestalt des Brotes empfangen, wurde auch nur auf die Verwandlung des Brotes eingegangen, nicht auf die des Weines.

96 1 Korinther 12,27

97 Kolosser 1,18 aus dem Hymnus 1,15–20

98 1 Timotheus 1,12+13

99 Wilhelm Hauff, Märchen-Almanach aus dem Jahre 1826

100 Johannes 1,1

101 Johannes 1,14

102 Kartäuserorden, gegründet 1084 durch Bruno von Köln

103 Philipperbrief 3,21

104 Genesis 3,12+13

105 Lukas 7,36–50

106 Lukas 19,1–10

107 Johannes 8,1–11

108 Johannes 18,12–27

109 Johannes 21,15–19

110 Christoph Schlingensief, 1960–2010, Film- und Theaterregisseur, Autor und Aktionskünstler

111 Vgl. Lukas 7,1–10

112 Matthäus 5,17 »Denkt nicht, ich sei gekommen, um das Gesetz oder die Propheten aufzuheben. Ich bin nicht gekommen, um aufzuheben, sondern um zu erfüllen.«

113 Lukas 9,23

114 Lossprechungsformel in der Beichte

115 Apostelgeschichte 2,1–13
116 Matthäus 28,20
117 Markus 16,16
118 »Als ... Jesus sich taufen ließ und betete, öffnete sich der Himmel, und der Heilige Geist schwebte in leiblicher Gestalt wie eine Taube auf ihn herab ...« Lukas 3,21+22
119 Apostelgeschichte 9
120 Matthäus 9,37–38
121 Postulantin: Kandidatin, die um die Aufnahme in ein Kloster bittet
122 Novizin: hat sich auf Zeit an ein Kloster gebunden
123 Professschwester: hat sich auf ewig an ein Kloster oder eine Gemeinschaft gebunden
124 Hélder Câmara, 1909–1999, Erzbischof von Olinda und Recife
125 II. Vatikanisches Konzil, 1962–1965
126 Cyprian von Karthago, 200/210–258, Bischof von Karthago, Theologe und Schriftsteller
127 Milan Machovec, 1925–2003, tschechischer Philosoph
128 Fraternités monastiques de Jérusalem, gegründet in Paris 1975
129 Peter Scherle, in: Werte liefern, das können auch andere, FAZ 12.11.2018
130 Schlussgebet der Messe am 4. Sonntag im Jahreskreis
131 Der griechische Originaltext hat durchgängig die Mehrzahl. In der Fassung der lateinischen und auch der griechischen Liturgie steht durchgängig die Einzahl (*Ich* glaube ...«). Dies deswegen, weil das Bekenntnis als Taufbekenntnis des Einzelnen gebräuchlich war, während es im griechischen Original als verbindendes Bekenntnis des Konzils konzipiert ist.

Quellennachweis

Seite 36: Der Postillon (2011), Europäischer Gerichtshof: Kirchen müssen für unerfüllte Gebete haften, in: der-postillon.com, 12. Dezember, https://www.der-postillon.com/2011/12/eugh-grundsatzentscheidung-kirchen.html, letzter Zugriff: 04.04.2023

Seite 42: Thomas Mann, »Wie Abraham Gott entdeckte«, aus: Joseph und seine Brüder II, © 2018 S. Fischer Verlag GmbH, Frankfurt am Main

Dank

Einigen Menschen danke ich für ihre hilfreiche und kritische Begleitung bei der Arbeit an diesem Buch. In alphabetischer Reihenfolge sind dies Dr. Christiane Bigalke, Marion Frings, Egbert Kimm und Dr. Emmanuela Kohlhaas OSB. Ein besonderer Dank gilt Simon Biallowons vom Herder Verlag, der mich mit Engagement und oft auch Geduld erst zu dieser Arbeit ermutigt hat.

Der Autor

THOMAS FRINGS, geb. 1960, wurde 1987 zum Priester geweiht. Von 1991 bis 2016 war er Pfarrer in Münster, seit 2010 Mitglied und seit 2014 Moderator des diözesanen Priesterrats. Durch seine Amtsniederlegung im Frühjahr 2016 wurde er national bekannt, sein Buch »Aus, Amen, Ende?« kam rasch auf die Bestsellerliste. Zwischenzeitlich wohnte er in einem Benediktinerkloster in den Niederlanden, jetzt lebt er in Köln. Er wird in ganz Deutschland als Redner und für Vorträge eingeladen.